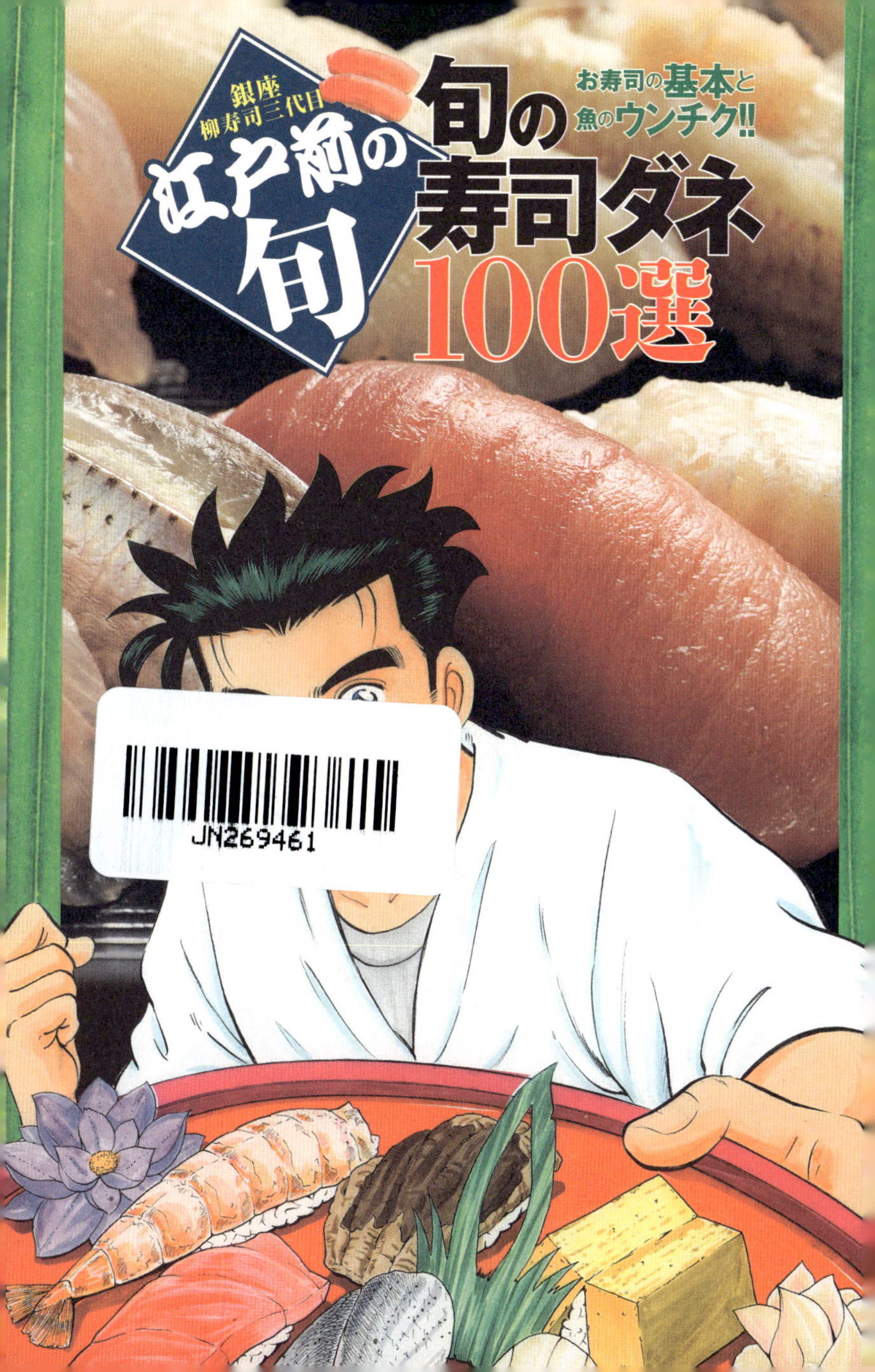

JN269461

アワビ
ひと手間かけることで最高の美味を作るのが江戸前の仕事。最近は活きのいいものが好まれるが、蒸しアワビこそ真の江戸前。
アナゴ
正真正銘の江戸前にこだわり、羽田沖で獲れたものしか使わないような店もある。アナゴは寿司屋のプライドそのもの。
エビ
ゆでると身が見事な紅白に変わり、舌で目で楽しめるのがエビ。頭つきやおどりなど、握りのスタイルに職人の美学が表れる。

寿司を知るには まずこの6貫から!

江戸前の“華”

江戸前寿司の世界へようこそ。
寿司といってもいろいろあって途方もない気持ちになっていませんか?
でも、もう大丈夫です。
まずは江戸前寿司の真骨頂といえるこちら6種のタネからはじめてください!

コハダ
押しも押されもせぬ江戸前の看板タネ。絶妙な加減で酢じめにされたコハダは、ほどよい酸味と旨味の余韻を残していく。
白身魚
(スズキ)
寿司屋の実力は白身魚でわかる。季節のものをちゃんと置いているか、熟成のさせ方は適切か？　答えはそこにある。
マグロ
日本人が大好きなマグロ。本気の寿司屋はマグロの仕入れに命を懸けている。細かいウンチクは抜きにして、食べればわかる。

江戸前の“華”

誰もが大好きな究極の美味

ルビー色の海の宝石

鮪《マグロ》

tuna

赤身

脂がのった「トロ」がもてはやされるが、赤身こそマグロの真骨頂。切りつけ、タネと寿司飯のバランスがモノをいう（鮨 太一）

旬 秋〜冬

身は鮮やかなルビー色でまさに“海の宝石”。赤身、ヅケ、ネギトロとお好きなものを召し上がれ。

堂々たる風格とつやめきで寿司っ食いを圧倒する！

鮮やかな赤色に輝くつやめく身は、口に含むと舌にねっとりとからみついてくる……。マグロは日本人が最も好む魚で、握りは赤身や脂ののったトロ、漬け汁で味つけしたヅケ、巻き物なら鉄火、ネギトロなどと、さまざまなスタイルの寿司として楽しめる。

最高級品はクロマグロ（本マグロ）で、海のダイヤとも呼ばれる。生のものが冷凍ものより珍重されるが、職人の解凍技術次第で十分おいしく食べられる。

マグロ ブランド&産地

「大間のマグロ」が有名だが、これはマグロの種類ではなく産地の名前。青森県下北半島の大間町で水揚げされたもののことで、脂ののりが抜群。津軽海峡を挟んで大間と向かい合う北海道・戸井（とい）でも上質のマグロが揚がる。

写真／神奈川県立生命の星・地球博物館（瀬能宏）

冷凍・解凍の技術の
発達で年中おいしいですが
秋の本マグロは最高です。

江戸前の寿司屋はマグロがなければ暖簾が上げられないと言う程…
マグロは江戸前寿司の華だ!!

「上海の寿司王」と呼ばれる「覇王寿司」の李建王は「嘉志寿司」を潰すべく本マグロに注目した。

第50巻　第2話
「王手」

語れるウンチク集

◆昔の日本人は主に白身魚を食べていたので、脂ののったトロは好まれなかった。赤身が使われるようになったのは、江戸時代のこと。

◆マグロをシビと呼ぶのは、熟成に4日（しび）かかるからといわれている。

◆生マグロは上身のほうが高値で取り引きされる。魚体の重みで下身は身くずれが起きやすいからだ。

中トロ

「トロ」は脂が多いため、大正時代までは「アブ」と呼ばれていた。中トロはクリームのような口どけと赤身の旨さが融合（鮨 太一）

いつの時代も愛される マグロの寿司、百花繚乱

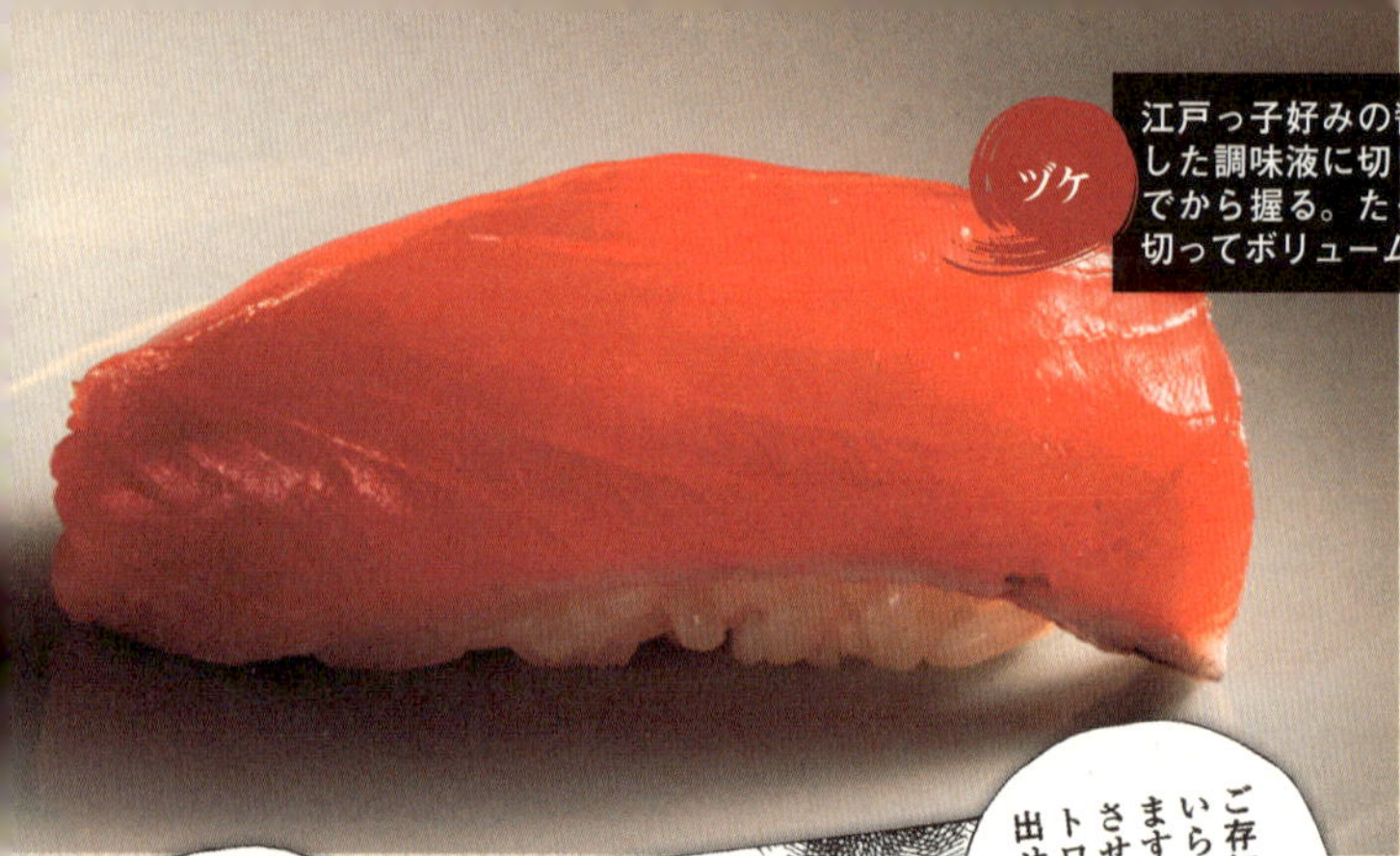

ヅケ
江戸っ子好みの醤油をベースとした調味液に切り身を漬け込んでから握る。たっぷりと厚めに切ってボリュームも◎（鮨 太一）

ご存知の方もいらっしゃると思いますが　マグロは熟成させてこそ赤身やトロの旨味が引き出せるんです
身が活《い》かったままのマグロの赤身やトロはお世辞にも美味しいとは言える代物じゃありません

第57巻　第6話
「アン肝」

九州などでは「鮮度と歯ごたえが命」とするが、東京は魚を寝かせ熟成させて旨味を引き出すことを重要視する。

とろたくあん
「サク取り」をしたあとの皮からスプーンなどで身をかきとったものを、たくあんと合わせて巻き物に。さっぱり食べられる。

鉄火巻き
マグロの赤身にワサビを添え、海苔巻きにしたものを鉄火巻きと呼ぶ。ワサビの辛味でマグロの旨味が一層引き立てられる。

魚河岸や魚市場の目玉、「マグロのセリ」をお見せします！

マグロのセリって こんなもの！

なかなか見ることができないマグロのセリ。ここでは、川崎市の〝北部（ほくぶ）市場〟に潜入しました。

魚市場の朝は早い。その目玉がマグロのセリである。たまプラーザ駅からクルマで約8分。早朝5時45分、こちら川崎市中央卸売市場北部市場、通称〝北部（ほくぶ）市場〟で、今日もマグロのセリがはじまった。

「ここでは築地に引けをとらない、いいものが入るんだよ」と、セリ人。ここで競り落とされたマグロは、卸売業者から直接買うことができる売買参加者（スーパーマーケットなどの小売店）や仲卸業者などの買受人のもとへ行くというわけだ。

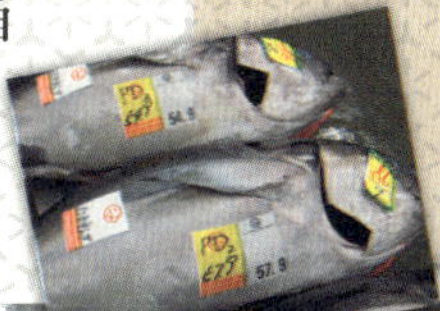

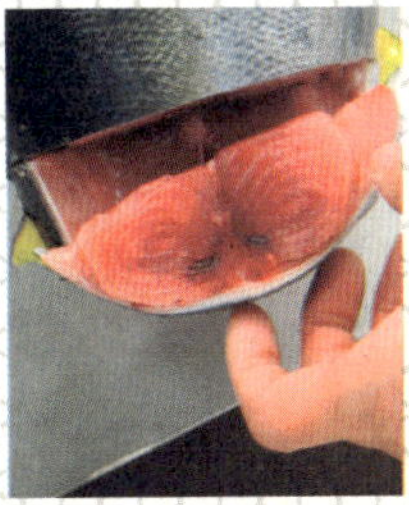

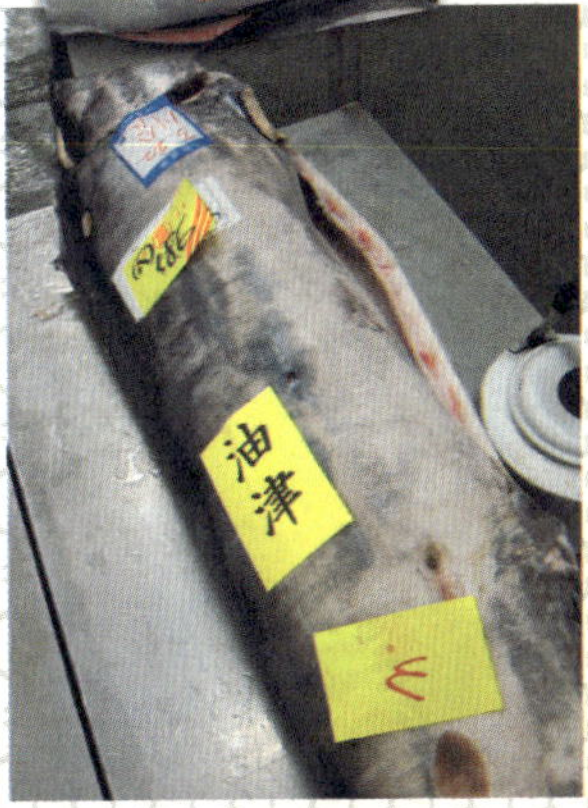

人気のマグロ寿司、全部見せます！

マグロ日本一のすしざんまい

人気ダネ大集合

リーズナブルな価格で、最高レベルのマグロを提供することで知られる『すしざんまい』。さまざまなスタイルの寿司でマグロを楽しむことができます。いま食べるべき寿司はこちら！

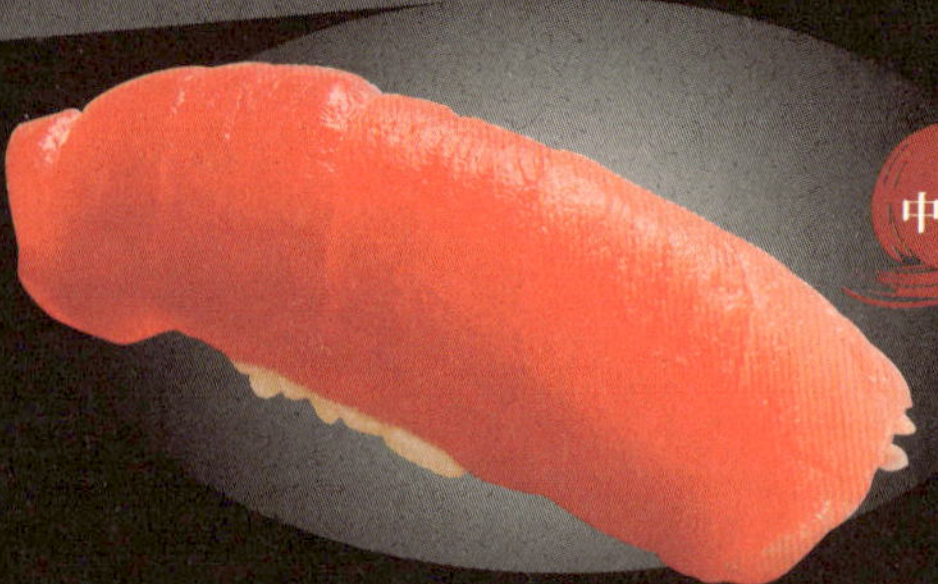

中トロ

赤身とトロの魅力を併せもつ人気の寿司。いくつ食べても飽きないと老若男女に評判。

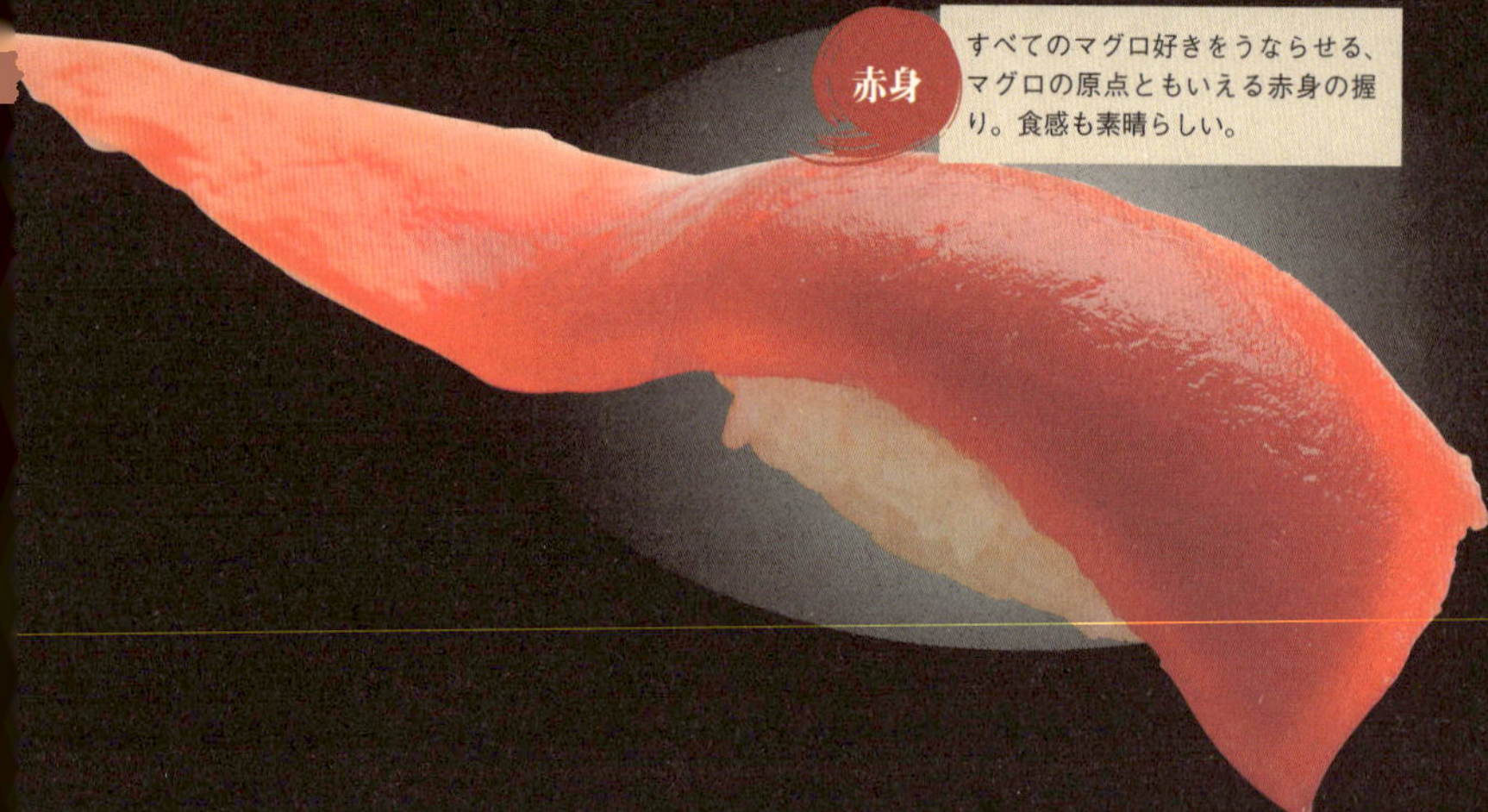

赤身

すべてのマグロ好きをうならせる、マグロの原点ともいえる赤身の握り。食感も素晴らしい。

とろたく

トロに刻みたくあんを合わせて手巻き寿司にした。さっぱり＆こってりの味覚が見事に融合。

ネギトロ

マグロの皮に残った身をかき出したトロを軍艦巻きにした。彩りのネギも美しい。

炙りトロ

脂をたっぷりたくわえたトロ。表面をバーナーで軽くあぶって、脂の旨さを強調した。

もくじ

江戸前の“華”

酢でしめてはじめて寿司ダネとして完成するコハダ。職人は触った感じとにおいで、しめ加減を見極める（鮨 太一）

コハダ

旬 秋～冬

江戸前の代名詞

コハダこそ江戸前の神髄

小肌《コハダ》

medium-sized gizzard shad

江戸っ子好みの光り物。煮ても焼いても食えないが、寿司になったら人気者。

光り物の雄、コハダは職人と食べ手の粋の結晶！

コハダはマグロと並ぶ江戸前の看板ダネ。江戸前寿司の職人は、どんなに高値がつこうとも初物のコハダ（シンコと呼ぶ）だけは意地で握るといわれるほど。また、塩をふってしばらくおいてから酢じめにするなど、仕込みに手間がかかり、切り方を変えたり細工を施したりと、〝江戸前の仕事〟が試されるタネだ。

皮目がやわらかく身がふっくらとしたものが寿司に向き、脂は少ないが酢でしめるとさっぱりした味が生まれ、清涼感をもたらす。

コノシロ ブランド＆産地

コハダは、北は秋田沖、南は九州内湾まで、日本全国で獲れる魚である。大衆魚のためブランド化はされていないが、江戸前寿司の代名詞たるコハダはやはり、江戸前（東京湾）で獲れるものが抜群の美味。形がよく、皮目もやわらかい。

写真／神奈川県立生命の星・地球博物館（瀬能宏）

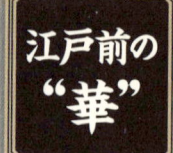

旬
初夏

シンコ

コハダの幼魚をシンコと呼ぶ。旬を先取りする「はしり」のものはキロ2万円台もの高値で取り引きされることも（つきじ 喜代村 すしざんまい）

第41巻　第8話
「聖夜の求婚」

コハダは成長に応じてシンコ、コハダ、ナカズミ、コノシロと呼び名が変わります。

あいよ
コハダ一丁
入ります！

語れるウンチク集

◆コハダというのは江戸の方言。学名はコノシロという。

◆一尾をそのまま使う丸づけ、片身を使う片身づけなど、握りのスタイルは多種多様。

◆焼く、煮る、揚げるなど、寿司以外の料理法には向かない魚である。

◆「寿司はコハダでとどめさす」ということわざがあり、最後に食べるとツウっぽい。

さあ 何から握りやしょうか お客さん？
そうね…寿司屋の腕を見るには光モノが一番だって言うからまずコハダから握って貰おうかな

第41巻　第8話
「聖夜の求婚」

夏を先取りする初物のシンコは寿司屋が最も大切にするタネ。シンコを握るたびに職人は初心に返るものです。

第44巻　第4話
「オオクルマエビ」

紅白の身に、甘みたっぷり。

姿・形も麗しき

海老《エビ》

prawn

旬
春〜夏

目に鮮やかな紅白と、舌にほっくりとした甘み。五感に響く極みの一貫。

ゆで

本来、江戸前で握るのはゆでたクルマエビのみ。マキ（10cm前後のもの）がよく使われる（鮨 太一）

握った姿もサマになる そしてそれがまた旨い

寿司のエビならクルマエビ。味、色ともに申し分なしの人気ネタである。生きているときは黒っぽいが、ゆでると身が見事な紅白に変わる。また、独特の甘みと香りがぐんと際立ってくる。

天然ものと養殖ものがあるが、養殖ものが劣るわけではない。エサを与えず自然に近い環境で稚エビを育てる〝粗放放流〟で育てると、天然ものにも劣らない旨いエビに育てることができるのだ。

クルマエビ ブランド&産地

クルマエビは暖海性で、東北以南の海に住む。千葉寄りの東京湾で獲れるものを上物としていたが、天然ものの主産地は瀬戸内海などとなっている。国内は沖縄、海外だと東南アジア各国での養殖が盛んで味もよいため、これを握る店もある。

写真／神奈川県立生命の星・地球博物館（瀬能宏）

江戸前の“華”

頭つき
見た目のおもしろさを演出するために、有頭で提供することも。職人の遊び心だ（鮨 太一）

第44巻 第4話
「オオクルマエビ」

語れるウンチク集

◆クルマエビとは、大きさによって決まる名前。5～6㎝だとサイマキ（コマキ）、10㎝前後だとマキ、それ以上をクルマエビと呼ぶ。身がやわらかいのはマキやサイマキ。

◆名前に「老」が入るのは、腰が曲がった老人のようだから。長寿の願いを込めてお一つどうぞ。

おどり
握ってからもピクピクと動くことから、活けのクルマエビの握りを「おどり」と呼ぶ（鮨 太一）

旬
夏

語れるウンチク集

◆漁獲高は千葉県がトップクラス。その多くはまき網漁と底びき網漁で獲られている。夏のものが味がよく、夏のスズキは「絵に描いたものでも食え」といわれるほど。身の締まりもほどよい。

◆体長が１ｍほどになった老成魚はニュウドウ（オオタロウ）、産卵期のものをハラブトと呼ぶことも。

なま　春と秋は釣りやすく、釣りものが出回ることもある。しかし、旬は夏。

江戸前の“華”

鱸

スズキ

sea bass

釣って、食べて楽しい魚。しっかり歯ごたえと淡白な味わいの合わせワザ！

夏を代表する魚で、この時期味が落ちるマダイやヒラメに代わる寿司ダネとして人気。東京では、当年のものをセイゴ、二年めのものをフッコ、三年以上のものをスズキと呼ぶ。

また、スズキは東京湾の釣り人の間で人気の釣魚でもある。釣り好きの店主がいる店では、釣りものを握ってくれることもあり、こうした店で食べるスズキの握りはほかでは得られない幸福感！

ご主人のスズキはイキはいいが 旨味が十分とは言えない！
一方オレのスズキはシメてから 数時間クーラーボックスの中にねかせたことによって旨味が十二分に引き出された…その違いなんです!!

第２巻　第11話
「鮮度と味」

スズキは熟成させることによって旨味が増す白身魚のひとつですよ！

スズキ ブランド&産地

ブランド化はされておらず全国で獲れるが、東京湾で獲れた“江戸前スズキ”は別格。旬は夏だが、産卵期以外は年間で味が安定している。

写真／神奈川県立生命の星・地球博物館（瀬能宏）

しなやかな歯ごたえの酒蒸しアワビは夏の寿司屋の風物詩。

江戸前の“華”

鮑

アワビ

abalone

蒸しアワビは、江戸前の仕事を象徴するネタ。コリコリとした食感と、しなやかさとやわらかさを兼ね備え、食通をうならせる一貫である。口に含んだときの磯の香りが、なんともたまらないものだ。

ひと昔前までは〝共ヅメ〟という、アワビの煮汁から作ったツメを塗っていたが、いまはツメの代わりに煮切り醤油などを使うこともあり、職人ごとに独自の流儀を作っている。また、握りだけでなく軍艦などでお目見えすることもある。

う〜ん
やっぱり旬くんの蒸したアワビは最高〜〜〜♡
フフ…朝からあんなに食べたがってたもんな…
うん美味しい!!
63

第55巻　第3話
「蒸しアワビ」

蒸しアワビにはマダカアワビやメガイアワビなどが向きます。

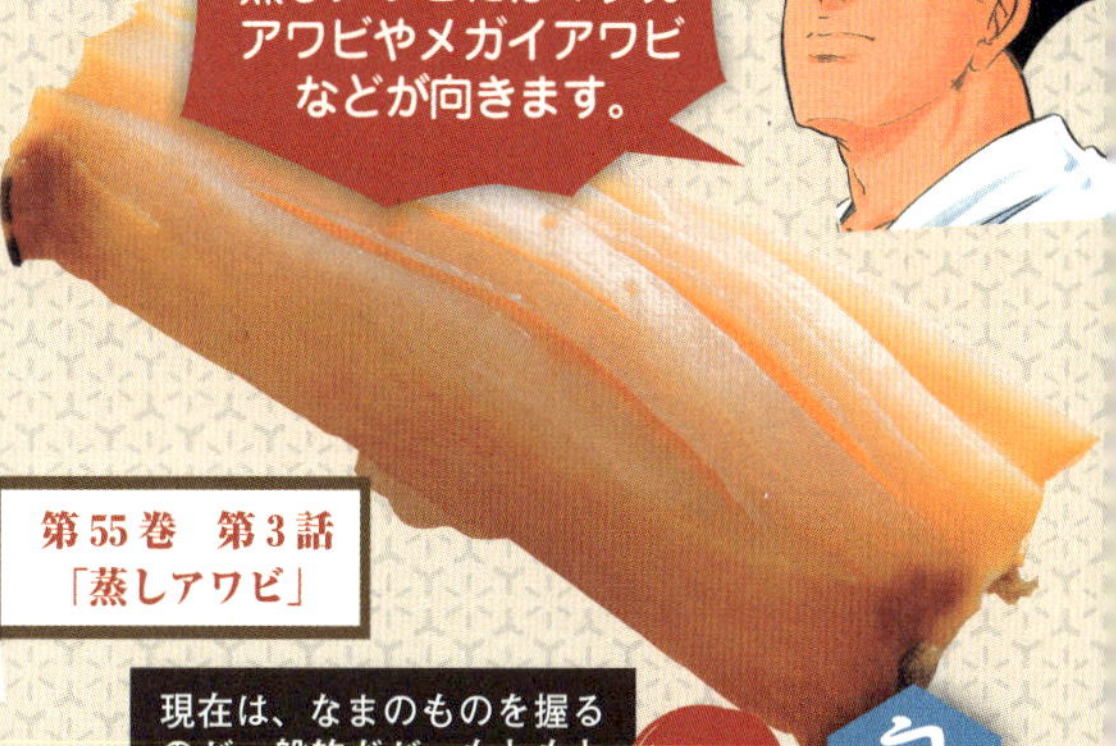

現在は、なまのものを握るのが一般的だが、もともとは酒蒸しが主流だった。食べやすいように包丁目を入れてある（鮨 太一）

酒蒸し

旬
夏

アワビ ブランド&産地

特にブランド化はされていないが、三陸や房総半島などが名産地として知られている。壱岐や伊勢志摩などでは素潜りによる漁も健在。

語れるウンチク集

- 水洗いしたアワビをさいの目に切り、氷を浮かべた塩水の中に浮かべた料理を「水貝」と呼ぶ。涼しげな見た目で、夏向きの一品だ。
- 薄切りアワビを干したもので作る熨斗（のし）は、伊勢神宮へのお供え品の一つ。アワビは祭礼や慶事には欠かせないものなのだ。
- 貝から身を外しても、アワビはしばらく生きていくことができる。

旬
梅雨〜夏

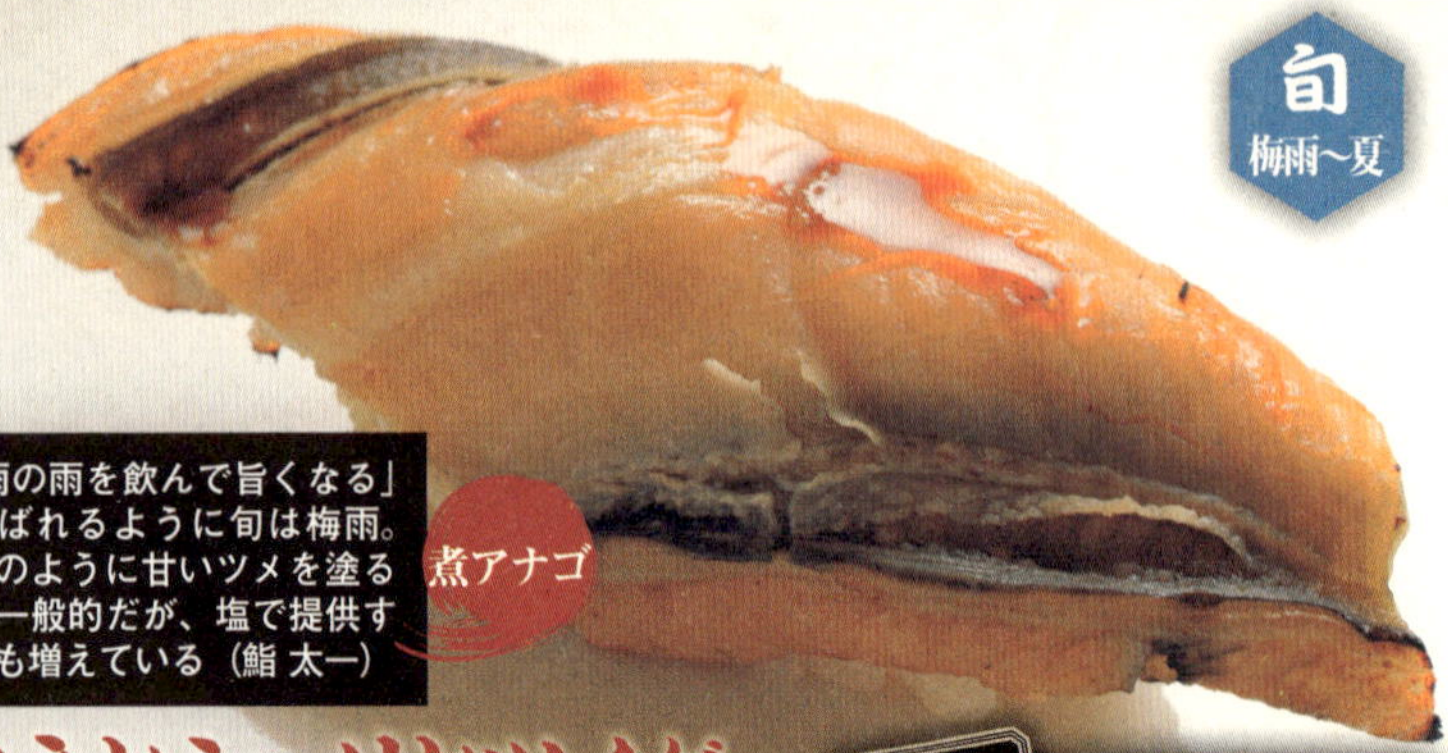
煮アナゴ

「梅雨の雨を飲んで旨くなる」と呼ばれるように旬は梅雨。写真のように甘いツメを塗るのが一般的だが、塩で提供する店も増えている（鮨 太一）

タネとシャリとツメが夢のようにはかなく口の中でとけていく三重奏。

江戸前の“華”

穴子《アナゴ》

conger

第1巻　第4話
「アナゴ（前編）」

何で・・2貫とも身表に握ったのかってことだ！

江戸前の煮アナゴは煮方、味つけだけでなく握り方にも個性が出ます。

「塩で殺して酢でしめる」コハダと並んで、アナゴも店の良し悪しを教えるタネだ。

江戸前のアナゴは、ふっくらとした身が、つややかな煮ツメをまとって完成する。煮ツメとは、アナゴの煮汁をこして、酒、砂糖、みりんなどで味を調え、アクをとりながら数時間煮て作る伝統調味料。創業以来何十年も継ぎ足し、継ぎ足しで煮ツメを継承する老舗は少なくない。甘じょっぱいあの味は店の宝。思い出すだけで生つばゴクリ。

アナゴ ブランド&産地

「本物の江戸前アナゴとはこういうもの」と、羽田沖で獲れたものしか使わないような店もある。江戸前寿司屋がプライドをかけて握る魚だ。羽田沖以外だと、瀬戸内の穴子が最上のものとされていた。また最近では、長崎や佐賀もいい。

写真／神奈川県立生命の星・地球博物館（瀬能宏）

語れるウンチク集

- 東京の寿司屋では「腹開きは切腹に通じて縁起が悪い」と、背開きにする店が少なくない。ウナギも同様の傾向がある。
- 上半身は皮目を表に握る。これは、腹骨を抜いた跡が醜いため、食欲をそそるアメ色の身を強調する。

寿司コラム 1

「お作法ちょっとで気軽に味わうのが一番！」

「回転寿司は大好きだけど、回らない寿司屋って苦手で……」というあなた、「敷居が高そうでコワイ」と思っているあなた、ちょっとのお作法を押さえれば、あとは自由に楽しんでいいんです！

寿司は しゃっちょこばらずに 気軽に味わってもらう のが一番です！
寿司屋ってのは お客さんに喜んで もらってなんぼの 商売なんです から…

何か切りますか？それとも握りますか？

気分と予算で選ぶ
おすすめの食べ方４コース

寿司屋に入店したら、つまみ（飲む人はお酒も）を注文→握りを注文→お茶で〆、という流れになるのが一般的。そして肝心の握り寿司の注文については、こちらの４つの食べ方だけ覚えておけば安心。最近は「好きなものを好きな順番で、好きなだけ食べて！」という寿司屋が増えたのも心強い。

其の一　おまかせ＋お好みコース

難度　★☆☆☆☆

おまかせが価格別に何種類かある場合は、ぜひ最もいいものを。しかし、それだけではお腹いっぱいにはならないもの。そこで、好みのものを追加注文して満腹になるのが好ましいスタイル。おまかせは、いろいろな握りを一貫ずつというのが一般的。

店は無限に寿司ダネを仕入れているわけではないので、特定のタネがお好みで注文され続けるとちょっと困る。なので、おまかせはリーズナブルに、お好みは少々高めの価格設定がなされていることが多い。

其の二　予算先行コース

難度　★★☆☆☆

行きたい店が決まったら、インターネットなどでリサーチして予算を決める。たとえば、「予算は 7000 円で、旬の白身と中トロ２貫だけは絶対に食べたい」といった注文もアリ。特に女性同士だと、こうしたワガママ注文もすんなり通してくれることがあるそうだ。

男性客でも、会計時に驚くことのないように、こうした注文方法を知っておくとよい。入店してからは言いにくいので、電話予約時に店の人に伝えておくのが望ましい。

其の三 味の薄いものからコース

難度 ★★★☆☆

昔は「味の薄いものから食べるのがツウ」ともいわれたもの。その流儀にのっとって、たとえば白身魚→赤身魚→酢じめのもの→煮たものという順で食べてみるのもいい経験だ。

とはいえあまり深刻にならずに、これもあくまでもセオリーの一つと考えよう。味の濃いものを最初に食べても、ガリとお茶で口の中をリセットしてからまた次の握りへと進めばいいというわけだから、絶対守らなければならないわけではない。

其の四 カウンターで完全お好みコース

難度 ★★★★★

はじめての店では成功しにくいが、何度か行った寿司屋でやってみたい「完全お好みスタイル」。タネケースを見ながら、職人と会話をしながらおすすめで握ってもらって、そのなかで気に入ったものを追加注文するといい。カウンターの醍醐味は、寿司職人との会話。その日おいしいものや旬のものを聞き、それを中心にご注文を。

寿司屋のなかには、お決まりのコースではなく、つまみ、お酒、握りを好きなだけ食べて○万円などとしている店もある。

【本書の使い方】

- 魚介類の旬には「たくさん獲れる季節」と「味がおいしくなる季節」があります。本書では、東京の寿司店で食べる寿司ダネとして最適の旬を記載しました。
- 「すし」の漢字は基本的に「寿司」を採用しました（例外：棒ずしなど）。
- 魚の呼び名は東京で一般的なものを、基本的にカタカナで記載しました。
- 本書で掲載した寿司ダネやその紹介文については、店ごとの個性を活かしつつ、一般性を持たせました。寿司店によって旬の考え方、呼び名、調理方法などはさまざまです。
- 寿司ダネ紹介ページの合間に「コラム」、巻末に寿司ダネを五十音順で検索できる「さくいん」と「寿司用語集」を収録しましたので、お役立てください。

【江戸前の旬とは？】

『江戸前の旬』とは、日本文芸社発行の『週刊漫画ゴラク』で連載中の漫画です。連載をまとめた単行本は2012年8月現在、63巻まで発行。楽しく読みながら、江戸前寿司や魚の知識がつきます！

主な登場人物は以下の通りです。

柳葉旬（やなぎば・しゅん）

鱒之介の三男で、銀座「柳寿司」の三代目。寿司に魅せられ、すべてを懸けて修業に打ち込む熱き寿司職人。時に失敗もするが、その心を込めた握りは多くの人々を魅了する。

柳葉藍子（やなぎば・あいこ）

築地の仲卸業者の家で育った勝気で元気いっぱいの娘。旬と結婚し、ともに「柳寿司」を支える。

柳葉鱒之介（やなぎば・ますのすけ）

銀座「柳寿司」の二代目。江戸前の真髄を厳しく旬に叩き込みつつ、旬の成長を温かく見守っている。

ヒラマサ

柳葉家と付き合いの深い「柳寿司」の常連客。

第二章

小粋で旨い光り物

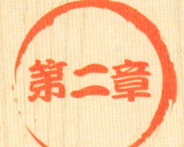

サバをもっと知るための
サバ・ブランドヒストリー！

脂がたっぷりのったサバの握りは、寒くなる季節のごちそう。「生き腐れ」とも呼ばれるサバが生で食べられるほど新鮮なブランドサバの物語をお届けします。

鯖《サバ》
mackerel

ブリのような歯ごたえとマダイのような旨味を併せもつ、海の宝石。

旬
秋

脂がたっぷりのったサバがさっぱり食べられる酢じめ。脂ののりが薄いものは酢じめにせず、生で握ることも（つきじ喜代村 すしざんまい）

酢じめ

サバは酢できつめにしめる。これで鮮度が落ちにくくなり、また、素材の旨味も最大限に。

サバの旨さと当たりやすさは表裏一体の関係

サバがおいしいのは、旨味を増強するヒスチジンという成分が多く含まれるため。しかし、時間が経つとこれがアレルギーを引き起こす成分に変質する。だから当たりやすいといわれるのだが、新鮮なものなら問題ない。冬場のマサバにはヒスチジンが多く含まれるため、秋〜冬のサバは旨味が強く、格別だ。

さて、サバといえば大分県の「関サバ」ブランドが全国的に有名。それと合わせて、大分県と海を挟んで隣り合う愛媛県の「岬（はな）サバ」と合わせて、２つのブランドヒストリーをご紹介したい。

大分県の関崎と愛媛県の佐田岬を結ぶ幅14kmの豊予海峡は、潮流が激しいところ。ここで一本釣りされたマサバのうち、大分県の佐賀関に水揚げされたものが関サバ、愛媛県の三崎に水揚げされたものが岬サバとなる。

これらのサバの最大の特徴は、「生き腐れ」といわれるほど傷みやすいサバなのにそれが刺身で食べられるという点。その旨さはタイに勝るともいわれ、価格は普通のサバの20倍以上になることも。

関サバや岬サバが全国ブランドに成長した背景には、漁師や漁協の人たちの努力がある。魚にストレスを与えて味を落とさないよう、網は使わず一本釣りで一尾ずつ釣り上げ、漁協のいけすに移すときも鮮度を保つために手で触らず、目分量で重さを量る。魚を宝石のように大切に扱う姿勢が、これら豊予のサバを全国ブランドに育んだ。

語れるウンチク集

◆北海道の郷土寿司といえば松前ずし。サバの押しずしに、甘酢漬けの昆布を巻いたものだ。松前藩名物の昆布を使うため松前ずしの名がついた。白板昆布（とろろ昆布をとったあとの芯の部分）を使って作る方法もある。

◆奈良県や兵庫県には、お盆に両親の健在を祝ってサバなどを贈る「生見魂（いきみたま）」という風習がある。

激しい潮流で育ったサバは身が締まって包丁が入らないことも！

江戸前サバは身がやわらかいが、脂ののりが上品で旨味たっぷり。冷蔵庫から出して少し待つとさらにおいしくなる。

第51巻　第1話
「江戸前のサバ」

棒寿司

寿司飯を棒状に整え寿司ネタをのせたもの。厚めに切られたサバの身から脂がジワリ（つきじ 喜代村 すしざんまい）

サバ ブランド&産地

関サバ、岬サバが揚がる豊予海峡には、こうしたブランド名がまだついていない隠れた絶品サバが揚がる。暗礁などのえさが多いところに定着して脂をたくわえ、マダイ以上の味わいをもつものも。また、神奈川県松輪港もサバの名産地だ。

写真／神奈川県立生命の星・地球博物館（瀬能宏）

第55巻　第10話
「秋サバ」

鯵《アジ》

mackerel

酢で旨味が一層引き立ち、きゅっと小気味よくのどを通っていく。

旬 初夏

マアジ・生

身が活かっているのもいいが、一日寝かせて寿司飯になじみやすくした。マアジは産卵前が最も美味。西日本では1～5月ごろ、東日本では5～7月ごろ（鮨 太一）

包丁目を入れるのは形よく、おいしく握るためなんです。

江戸前寿司の暖簾をくぐったら、頼んでみたい光り物。アジは誰もが知る大衆魚だが、熟練の職人が三枚におろし片身を酢じめにして握れば、かくも旨い寿司になるのかと驚く。さっぱり食べられるよう、すりおろしショウガや刻みアサツキが添えられると、彩りもよく食欲をそそる。アジは産地を変えれば年中獲れるが、中型のものが出揃う夏は、身に適度な脂をたくわえ非常においしい。

寿司ダネとして一般的なのがマアジ。日本全国の近海に分布しているなかには、湾内や瀬に定着しているものがおり、これを〝瀬付きのアジ〟と呼ぶ。全体に脂がのり魚体も黄色味がかっているため「キアジ（黄アジ）」とも呼ぶ希少な寿司ダネだ。

第54巻　第3話
「キアジ」

う…美味い…こんな美味いマアジは初めてだ!!
コリコリとした独特の歯ざわりがして噛む毎に上品な脂が滲み出て来て寿司飯と混ざり合う事で最高の味に変わる…
こんな…こんな美味しいマアジがあったとは…!!

回遊しないアジをキアジと呼ぶ。長崎では蓄養ではなく「活かし込み」という育て方で、青魚特有の臭みがなく身が締まったものとなる。

語れるウンチク集

- ◆「海で獲れる魚の一般的な〝味〟」というところから、アジの名前がついたという説がある。
- ◆大分県の「関アジ」は一本釣りで水揚げされるもの。身がきゅっと締まり、とろけるような脂が魅力。最近では、山口県沖で獲れる「瀬付きアジ」が人気。

鰯《イワシ》

sardine

北海道・釧路にはイワシに薄切り大根をかぶせた「いわしのほっかぶり」という駅弁があるんです。

旬 初夏

酢じめ

身は酢でキリリとしめる。アサツキとショウガをのせたが、シャリとタネの間にわさびをかませることも。こうすると香り、見た目ともに最高（鮨 太一）

梅雨の雨を飲んでイワシは太って旨くなる。ほとばしる脂は最高潮。

イワシは外国だったら缶詰などのオイルサーディンが好まれる。これもお酒のあてに最高だが、日本人なら、やっぱりイワシは握りで楽しんであげたい！

イワシの魅力について語れば、なんといっても脂の旨さである。「梅雨イワシ」という言葉がある通り、梅雨時期のイワシは身に脂を豊富にたくわえ、口に入れた瞬間に淡雪のようにとけ、その後に旨味が追いかけてくる。タイが高級魚でイワシが大衆的な下魚というのは人間の都合で決めたこと。梅雨のイワシは養殖のタイより高値をつけることだってある。梅雨に入ってから明けるまでが、最もイワシがおいしい季節。さあ、お一つ召し上がれ。

第34巻　第7話
「梅雨イワシ」

イワシは、脂がのりはじめる梅雨時期のものが最高に美味。入梅イワシ、梅雨イワシなどとも呼ばれて人気が高い。

語れるウンチク集

◆「イワシは太平洋側を中心に全国で水揚げされる。千葉県産で、体長15㎝前後の中羽（中サイズ）や18㎝前後の大羽（大サイズ）のものが最上とされ、なかでも梅雨に獲れたものは「とろイワシ」とも呼ばれ旨さは最高。

◆イワシの小さいものはシラス、4㎝ぐらいだとヒラゴ（カエリ）と呼ぶ。

キス
鱚
sillaginoid

旬
夏

生
キス料理といえば天ぷらがまず思いつくが、握り寿司にしても最高の美味（鮨 太一）

第34巻　第6話
「キス」

夏の東京湾の風物詩といえばキス釣り。キスは江戸前寿司を代表する寿司ダネだ。

夏の江戸前寿司屋は光り物の玉手箱。パールピンクの女王キスこそまさに真打。

美しき魚は握りも華麗。江戸前寿司の夏の決まり手

粋な江戸前寿司の店でキスを握るとき、酢はちょっと強めに利かせる。寿司飯とネタの間に、エビや卵を使った甘みのあるオボロをかませることで、甘みと酸味が見事に調和する。

さて、キスは別名〝パールピンクの女王〟とも呼ばれ、釣り魚としても人気の高い魚である。キス釣りは、東京湾の夏の風物詩。正真正銘の〝江戸前〟のキスは味、形ともに最高と、寿司屋だけでなく江戸前天ぷら屋も楽しみにしている魚なのだ。

キス ブランド&産地

江戸前流儀の寿司屋は、やはり東京湾で獲れたものにこだわりたいところ。旬は夏。日本にはシロギス、アオギス、ホシギス、モトギスなどがいるが、味はシロギスが抜群。単に「キス」というとシロギスを指す。

写真／神奈川県立生命の星・地球博物館（瀬能宏）

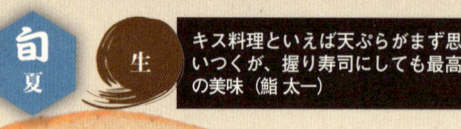

第34巻　第6話「キス」

脂肪が少なくさっぱりしているので胃に負担をかけません。

語れるウンチク集

◆キスにはカリウムが豊富に含まれるため、コーヒーやお酒を多く飲む人には健康効果が期待できる。

◆江戸時代、「キス絶ち」をして疫病神除けを祈る願掛けが流行したことがある。

◆淡白な魚の代表といえばサヨリ。それ以上にあっさりしているのがキスだ。

焼き霜　キスは皮目に旨味がある。さっと直火で焼き色をつけることで、旨味と香りを強調した。

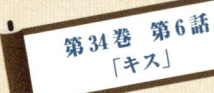

よく似た人気光り物を
ここでおさらい！

コハダ、シンコ、コノシロ、サッパ。
食べたことはあるけど違いがわからない！ そういうアナタのために、ここでよく似たこれらの違いをおさらいです。

新子《シンコ》

酢じめ

1年に2週間ぐらいしか出回らないコハダ（コノシロ）の幼魚。1匹で握ることができないので、数枚使う。超高級魚（つきじ 喜代村 すしざんまい）

旬
秋

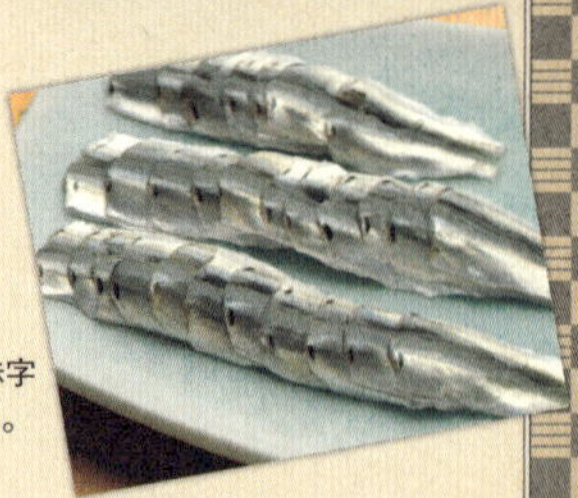

江戸前の寿司屋は赤字覚悟でシンコを握る。

どんなに高値がつこうとも江戸前の看板にこだわる職人は、意地で握る。

まずコハダ。この呼び名は単なる江戸弁。江戸以外ではコノシロと呼んでいたためか、江戸でいうコハダの学名はコノシロである。

そしてシンコ。漢字で新子と書く。それは、コハダの子どもだから。気が短い江戸っ子は、コハダの旬が待ち遠しい。待ち遠しすぎたからか、コハダの前のシンコ、しかもその〝走り〟（旬より前のシーズン）のシンコをありがたがる。

市場で毎年、初物のシンコは超高値で取り引きされる。寿司職人は超高値でも、プライドをかけて初物は握りたい。そんな話題の魚ならと寿司ツウだって口にしたい。そういう意味で、シンコは江戸前寿司のなかで特別なネタといえる。

最後にサッパ。戦前は江戸前寿司の定番だったが次第にすたれ、いまは岡山名物の「ままかり寿司」にその名残をとどめている。

第2巻　第5話
「シンコ」

お…おいしい〜〜
こんな小さな魚なのに口に入れると甘味が広がって…すっきりした清涼感と清々しさ…初々しささえ感じるわ……

若々しい香りと、甘みを含んだ旨味がたっぷり。脂は少なくさっぱり食べられる。

鮗《コノシロ》

旬 冬

酢じめ

コノシロとはコハダのこと。マグロなどのような華はないが、職人の仕事を感じさせしみじみ旨い握りである（つきじ 喜代村 すしざんまい）

これらの光り物は酢じめの加減が旨さ、食感を決めます。握りがいがある寿司ですね。

語れるウンチク集

◆コノシロは「この城」に通じ、それを焼くわけにはいかぬと、東京ではめったに焼き物にはしない。また、コノシロを焼くときに出る嫌なにおいも嫌われる要因だった。

◆コノシロは江戸の忌み言葉だったが、しかし江戸城を作った太田道灌はコノシロが好物だったとか。

寿司屋がシンコを意地で握るのと同じように仲卸業者も意地で売ってるんだもんね

第35巻　第6話
「シンコとチュウボウ」

7月初旬ごろの初物のシンコのセリでは、キロ8万円〜10万円などという値がつくことも。

鯯《サッパ》

サッパの寿司は「ままかり寿司」と呼ばれる。あまりの旨さに、まま（ご飯）が足りずに借りるほど、というのが語源だ（つきじ 喜代村 すしざんまい）

酢じめ

旬 初冬

秋刀魚《サンマ》

saury

上質の脂と寿司飯が織り成す秋のハーモニー。

旬 秋

生 脂ののりが最高潮となった秋のサンマは、生のまま握りに。おろしショウガと小口切りのネギで彩りをプラス（つきじ 喜代村 すしざんまい）

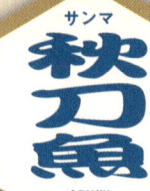

あぶり 表面をバーナーであぶったもの。脂が浮きだし、皮目の焼き色も食欲をそそる。おろしぽん酢で（つきじ 喜代村 すしざんまい）

初物好きの江戸っ子はお祭り騒ぎのように秋のサンマをもてはやしたそうです。

第17巻　第8話「サンマ」

流通の発展により、東京でも生のサンマが食べられるようになった。

古くからサンマ漁が盛んだった紀州の漁師は、よりよい漁場を求めて北上、たどり着いたのが親潮と黒潮が交わる秋の房総沖。このあたりで獲れるサンマは脂がのっていて美味と評判に。「魚」へんに「祭」でサンマと読んだほど、秋の江戸庶民はサンマに熱狂した。

「サンマの握りは邪道」と、江戸前の看板にこだわる寿司屋も多かったが、いまは全国的に見かけるようになった。江戸時代中期から健康食として食べられていたのだから、親しみやすくおいしいサンマは、自由に楽しむのが一番！ 秋のサンマは脂ののり、香りともに唯一無二だ。

語れるウンチク集

◆サンマには胃がなく、体内に食べたエサが残らない。そのため、独特の苦味のあるワタ（内臓）までおいしく食べられる。

◆和歌山には、サンマをさえらなどと呼ぶ地方があり、サンマを塩漬けにする〝さえらずし〟という郷土寿司がある。

まだある魅惑の握り！海と川の〝光り物対決〟

いつもあるわけではないが見かけたら食べてみたい魚たち。海・川で春と夏に旨くなる光り物２種をまとめてご紹介！

飛魚《トビウオ》

flying fish

旬 春、夏

鳥のような胸ビレを使って、水面をものすごいスピードで飛ぶため、ほかの魚よりも筋肉が発達。脂肪分は少なく、締まりのいい肉質が魅力だ。酢飯との相性もよく、ほおばると野趣あふれる旨味がジュワっと染み出す！

生

身は、ほどよい締まりと弾力性が魅力。旨味もたっぷり含んでいる（鮨 太一）

語れるウンチク集

◆四国や九州ではトビウオを〝アゴ〟と呼び、アゴちくわ、アゴだしなどが広く親しまれている。

◆アユ寿司は岐阜名物としても有名だが、江戸前寿司においても歴史あるものである。

鮎《アユ》

ayu fish

最後に光り物を頼んでお椀でしめる。これが江戸っ子の粋。

旬 春、夏

東京湾で生まれた若いアユは多摩川を遡上。〝献上鮎〟として将軍家に納められていたという。

現在東京でアユを握る店はあまりないが、塩と酢でしめた身で寿司飯を包んだ姿寿司は、正統派江戸前寿司の一つ。若草を思わせる香りは、夏の風物詩だ。

酢締め

脂ののりは少ないが、スイカに似た独特の香りがいい（つきじ 喜代村 すしざんまい）

カスゴ

春子

young sea bream

待ち遠しい春とともにお目見え。淡い桜色が少女のようにういういしい。

白身の王様、タイは子どもまで実に旨い。

江戸の方言でマダイやハナダイ（チダイ）の幼魚を「春子（カスゴ）」と呼ぶ。春はこのカスゴだ。ポッと桜色に染まった握りは、春の訪れを感じさせてくれる。カスゴは一般に、小鯛（子鯛）とも呼ばれ、尾つきの握りを雀に見立てる「すずめ寿司」などの郷土寿司にも使われる。

身は三枚におろし、軽く塩を振り酢に漬けてから握る。カボスなどの絞り汁を加え、香りを引き立てても美味。親のタイ以上に美しく、味もよい「親勝り」の幼魚といえる。

春の寿司屋ではカスゴが楽しみ。オボロをかませたり切れ目を入れたりスタイルは多様だ。

おう 春子《カスゴ》だ! 持っていくかッ!?
これだ!! これだよッ 謙介さん!!

第3巻　第6話
「小鯛寿司」

旬
春

酢じめ

淡白な身は、酢でしめることによって締まりがよくなり、また違う旨さがでてくる。

カスゴを使った「小平家（こべけ）」寿司を江戸前ふうにアレンジした握りを考案。

春子は 3枚におろし 軽く塩を振り 酢に漬ける
酢飯に 麻の実 甘辛く煮た椎茸・カンピョウを細かく 刻んで混ぜ カボスの絞り汁を 加える……

第3巻　第6話
「小鯛寿司」

語れるウンチク集

◆一般に、黒っぽいものがマダイの幼魚で、鮮やかなピンク色をしているものがハナダイの幼魚である。

◆関西には、小鯛を使った「すずめ寿司」という駅弁がある。背開きにした小鯛の形がすずめに似ているため、この名前がある。

北九州には「小平家」と呼ばれる、小鯛を使った寿司があります。

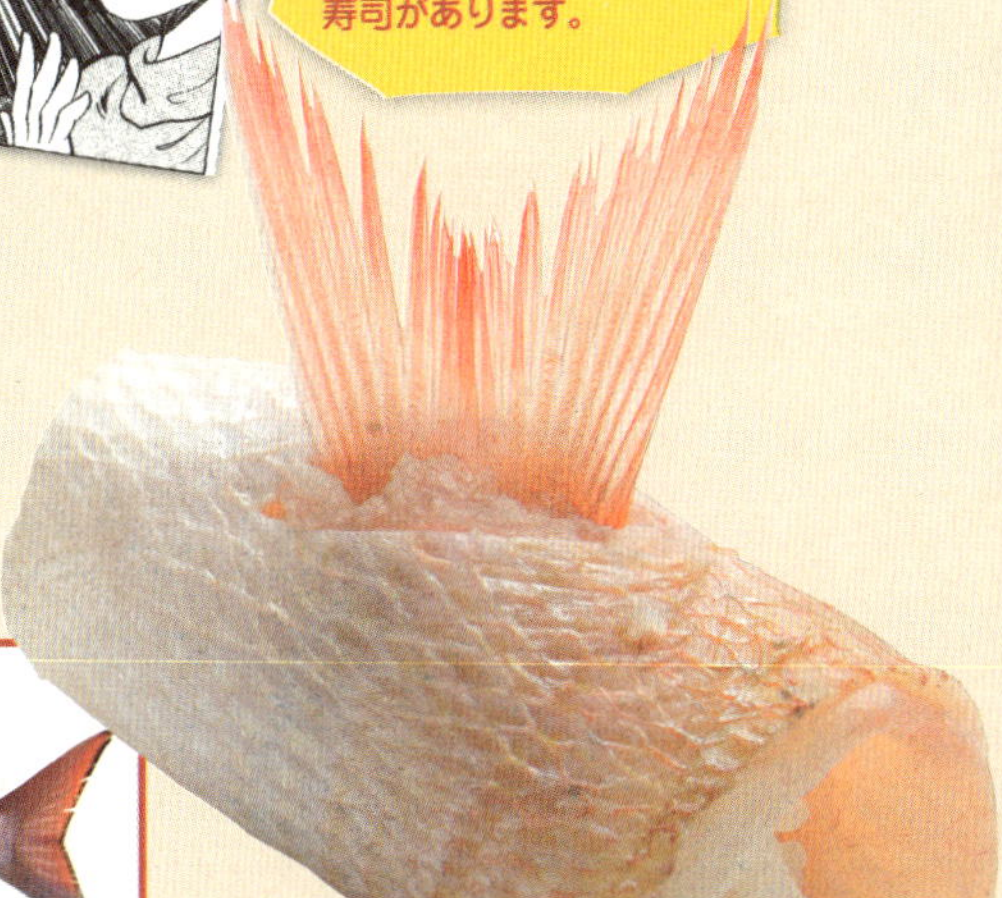

尾つき

カスゴは身の色や尾が美しいので、尾つきのまま握ると、見事な細工寿司にもなる（つきじ 喜代村 すしざんまい）

タイ ブランド&産地

「桜鯛」とも呼ばれる親のタイと、幼魚のカスゴとともに春が美味。ちなみに関西ではカスゴ（小鯛と呼ぶ）の旬は秋。分布地が広くカスゴは日本中で獲れるが、ブランドとしては若狭が有名。日本海産の小鯛で作る「笹漬け」といった特産品も。

写真／神奈川県立生命の星・地球博物館（瀬能宏）

おさらい魚コラム

「光り物」の巻

背が青光りしている魚が「光り物」。種類ごとに味がはっきり違うので、食べ比べが楽しい魚です。ここでは、知っておくと話のネタになりそうな光り物、希少なものをピックアップしました。

マアジ

アジは種類が多いが、一般に寿司屋で光り物として扱うアジはこのマアジ。アジ科の仲間は、「ゼイゴ」というトゲのようなウロコがあり、動物の歯のような構造をしているのが特徴。

キアジ

キアジはマアジと同種類のアジだが、回遊魚であるマアジが一定の地域に定着し根づいたもので、マアジよりも脂がのり香りもよく美味とされている。しかしその分漁獲量が少なく、希少価値は高い。

トビウオ

鳥の羽根のように長く発達した胸ビレ。これを使って海面近くを飛ぶように滑空するため、トビウオの筋肉はほかの魚とは違う発達をする。刺身のほか、すり身にしてちくわを作ったりする。

シロギス

北海道以南の各地に生息。単に「キス」というとシロギスを指す。姿が美しいことから、「パールピンクの女王」、「海の女王」などとも。寿司ダネ以外に、江戸前の天ぷらにも欠かせない。

アオギス

シロギスより細く青味がかっている。浅い海に脚立を立てて釣る「脚立釣り」は東京湾の初夏の風物詩だったが、干潟の埋め立てによって東京湾のアオギスは絶滅。豊前海でわずかに獲れるのみ。

寿司コラム②

寿司の歴史、江戸前寿司の歴史

日本人なら誰もが大好きな国民食、寿司。どんな歴史があって、いまに至るのだろう？　ここでは知れば知るほど奥深い、寿司ヒストリーに迫ってみましょう。

寿司の発祥地は東南アジア。雨季に池沼状態になる水田で捕獲した魚を、豊富に収穫される米を使って乳酸発酵させた保存食であった。それが中国に伝わり、いまから二千年以上前に日本に伝えられたといわれている。日本最古の歴史をもつ寿司は、近江（滋賀県）名物の鮒ずし。東南アジア発祥の寿司によく似ており、材料はフナと生米と塩。これらを一緒に長期間漬け込んで発酵させて作るためににおいがきつく、炊いたご飯に魚の切り身をのせる現代の寿司とはまったく異なっていた。

平安時代になると、人々は米や麦を主食とするようになり、寿司（食材を発酵させる「なれずし」）の種類も増えた。その土地によって、イノシシやシカなどの山のものを使ったり、アワビ、ホヤなどの海のものを使ったりと、種類は豊富だったとか。しかしこの時代も、魚と米を一緒に漬け込むものであった。

室町時代になると、なれずしは発酵期間を短くした「なまなれ」へと変遷。それと同時に、米と魚を一緒に食べるようになり、酢の発明もあって発酵ずしがだんだんと衰退し、上に魚介をのせた「箱ずし」へと進んでいく。

江戸時代になって、江戸の町に寿司屋らしきものが現れた。１６８７年刊行の地誌によると、古いなれずしと飯ずし（魚をご飯、麹、野菜と漬け込み乳酸発酵させたなれずしの一種）を売っていたらしい。江戸時代後期ともなると、さまざまな形態の寿司が生まれ、その最後を飾る形で握り寿司が誕生した。主流は関西生まれの箱ずし。熟成が旨さを増すものだが、気の短い江戸っ子はそんな悠長なものは気に入らない。すぐに食べられるファーストフードのほうがいいと、握り寿司は江戸の町でまたたく間に広まっていった。

第三章

白身魚、百花繚乱

鯛《タイ》

sea bream

噛めば押し返してくる力強い弾力とともに強烈な旨味が押し寄せる！

皮つきでも湯霜でも、あらゆる握りにして美しい。

姿・形が美しく「めでタイ」にも通じるため、祝いの席には欠かせないタイ。まさに白身魚の王様である。その魅力はなんといっても身の弾力性。特に天然物は噛むと歯を押し返してくるほど。

寿司屋で見かけるタイの握りは、皮つきのものと皮を引いた（とった）ものがある。また昆布じめや湯霜造りなど、江戸前ならではの〝ひと仕事〟が、見た目と味を引き立てる。職人の腕の良し悪しがよくわかる、定番ながら奥深いネタである。

「人は武士 柱は檜 魚は鯛」という言葉がある…身の締まりぐあい 適度な脂の乗り…まさに絶品！
…そして 酢飯とタネのバランス…また腕を上げたな旬坊！

第1巻　第1話
「真鯛（前編）」

旬は、天然の瀬戸内ダイを身と皮の間の旨味を活かすべく湯霜造りに。松の皮目模様のような美しい寿司となった。

旬
春

生

白身魚は身がかたい。タイは特にそう。握り寿司にするときは、薄い切り身にすると適度な歯ごたえで旨い（つきじ 喜代村 すしざんまい）

タイ ブランド&産地

瀬戸内海の外海・内海で獲れたマダイを総称して「瀬戸内鯛」と呼ぶ。なかでも瀬戸内鯛のうち、２月ごろ外海から産卵のために鳴門海峡を通るものを鳴門鯛、明石海峡で獲れるものを明石鯛と呼び、非常に身が締まり味がいいとされる。

写真／神奈川県立生命の星・地球博物館（瀬能宏）

マダイは魚類には珍しく、一生を同じ相手と同じ場所で過ごす習性があります。

湯霜

湯霜とは、身にさっと熱湯をかけたのち氷水で冷やすこと。皮目が立って美しい握りとなる（つきじ 喜代村 すしざんまい）

第１巻　第１話
「真鯛（前編）」

湯霜作りでいいかい？じっちゃん
フフ…当然じゃ

湯霜造りのほか、昆布じめなどが握り寿司向きのタイの調理方法。皮にも旨味があるので、それを活かしたい。

語れるウンチク集

- キンメダイやアマダイなどは名前に「タイ」がつくが、タイの仲間ではない。↓P47
- タイは皮が旨い魚だが、皮目を焼くと淡白な風味が損なわれる。加熱する場合は、熱湯を使う湯霜が主流だ。
- タイは脂肪分が少ないので、鮮度が落ちるのが比較的ゆっくり。

鮭《サケ》

salmon

子どもも好きな人気ダネ。自由なスタイルで楽しみたい。

寿司職人はまだなじまぬ回転寿司の人気ダネ

サケ（サーモン）は、特に回転寿司屋で人気のネタである。しかし、サケ（ヤマス）を握らない昔気質の寿司職人は少なくない。これはサケ特有のにおいを嫌ったことと、そもそも江戸（東京）で握り寿司向きの生のサケが流通していなかったことによる。

とはいえ、いまは普通の寿司屋でもおいしいサケの握りが食べられるようになった。マヨネーズやドレッシングなど、こってりめの調味料との相性がよいため、遊び心のある新進気鋭の職人によって独創的な握りが生み出されている。

第56巻　第1話
「アキアジ」

昔からの江戸前寿司ダネではないサケを握るのに抵抗を示す、鱒之介のような生粋の江戸前寿司職人も健在。

サーモンロール

せん切りキュウリとサケの身を海苔巻きにして、さらにサケで巻いた。サラダ感覚で食べられるため外国人や女性に人気（つきじ 喜代村 すしざんまい）

生

ひと昔前にはなかったネタだが、いまではマグロと並ぶぐらいの人気を誇る（つきじ 喜代村 すしざんまい）

回転寿司店のおかげでサーモン好きのお客様が増えたようです。

あぶり

身を厚めに切ってから表面をバーナーであぶり、マヨネーズを散らした創作寿司（つきじ 喜代村 すしざんまい）

サケ ブランド&産地

握り寿司には輸入物を使うことが多い。国産のものの主産地は北海道。黒潮と親潮が交わり、エサも豊富な襟裳沖のものは魚体が美しく美味。新潟県村上市も有名産地だ。

写真／神奈川県立生命の星・地球博物館（瀬能宏）

語れるウンチク集

◆サケには大きく分けて、シロザケ、ギンザケ、ベニザケの3種類があり、日本で獲れるサケのほとんどはシロザケである。

◆サケは別名「秋味」とも呼ばれるように、秋を代表する魚である。

キンメダイ

金目鯛

kinmedai

旬 冬

タイではなく実は深海魚。美しい身と上品な味は、まさに〝深海の貴婦人〟。

皮は鮮やかな赤色。皮を引くと、お目見えする身は淡いピンク色。その跡はなまめかしくつやめく。なんと美しい深海魚なのか！　その身を口に含めばやわらかく、脂がたっぷり染み出してくる。

しかしキンメダイはもともと身肉が水っぽく、旨い寿司ダネにするためにはひと手間もふた手間もかける必要がある。そのため、江戸前寿司の職人は、湯引きや昆布じめなどにすることが多い。どちらもキンメダイの持ち味を引き立てる魅力的な握りだ。

生　とろりとした脂がキンメダイの魅力。赤い皮をつけたままでも美しいが、皮を引くと食感がなめらかに（鮨 太一）

あぶり　美しい皮を残したまま、皮目をさっとあぶるのも好まれるスタイル。身に脂がのりすぎるシーズンは特に美味（鮨 太一）

第57巻　第7話
「本ミル」

タイと名が付くがマダイとはまったく関係のないキンメダイやマトウダイなどと同じ事じゃ…

近海産のものは築地でかなりの高値で取り引きされます。

語れるウンチク集

- 伊豆の「稲取キンメ」が有名。適度な脂ののりと風味が好まれる。稲取以外では千葉県（銚子など）、四国などでいいものが揚がる。
- 伊豆地方では、結婚式などの祝いの席でマダイの代わりにキンメダイを使うこともある。

タイとはいうが名前だけ。しかし味はお墨付きの「あやかりダイ」とは？

タイとはいってもタイじゃない。
キンメダイ以外にもまだある
食べておいしい「あやかりダイ」のお話です。

疣鯛《イボダイ》

生

上品な味の白身で、酢じめにするとほんのりとした甘みが引き立ち、酢飯との相性がよくなる（鮨 太一）

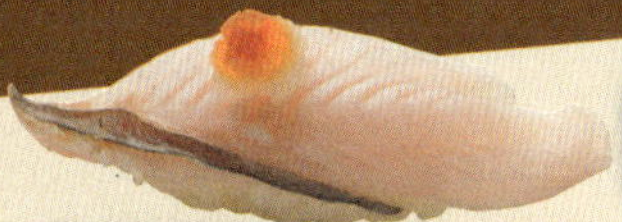

旬 夏〜秋

あぶり

キメ細かでデリケートな味を引き立てるあぶりもおすすめ。おろしぽん酢で（つきじ 喜代村 すしざんまい）

イボダイの東京での呼び名はエボダイ。イボダイがなまったものなんだそうです。

石鯛《イシダイ》

旬 秋

生

丁寧な下処理で磯臭さを消すのがコツ（つきじ 喜代村 すしざんまい）

語れるウンチク集

◆イシダイは幼魚のときは表皮に黒い縞模様があるが、成長すると模様が消え口の周りが黒くなる。
◆イボダイにはハラビレがあるが、バターフィッシュにはない。

希少な寿司ネタとしてタイより人気のものも。見かけたらご注文！

タイの仲間はマダイ、クロダイ、キダイ、チダイなどの十数種。タイ好きの日本人はタイに姿・形が似たものを○○ダイと呼びならわしてきた。しかしこうした名前も人間側の都合。タイに勝るとも劣らない味をもつものは少なくない。

まずイボダイ。スーパーなどで売られているものはよく似た近縁種。本物のイボダイは握り向きの抜群においしい魚だ。

次にイシダイ。「磯臭くてちょっと…」と敬遠する人もいるが、きちんと血抜きをして〝洗い〟をすれば旨味だけが残る。タイより歯ごたえがあると、イシダイを好む人は少なくない。

皮剥《カワハギ》

thread-sail filefish

旬
秋～冬

生
白身の王様・フグの仲間らしく、身の締まりは最高。肝をのせて味のアクセントに（つきじ 喜代村 すしざんまい）

ぎゅぎゅっと旨味を凝縮した〝肝〟があっさり白身を引き立てる。

弾力、歯ごたえともにフグに匹敵する

体が平べったく見た目ではわかりにくいが、カワハギは白身の王者・フグの仲間。ということは、フグ同様に身の締まりと淡白な味わいを楽しむタネといえる。運動量があるわりに身が淡白なのは〝肝〟に脂が行くからである。

また、江戸前の寿司屋で見かけるカワハギといえば、肝だけを軍艦巻きにしたものや、つまみとして出される身の薄造りに肝をとかした醤油を添えたもの。肝の旨さを知る職人の粋な計らいだ。

これだ…これだよ～～～!!
オレはこれを食いたかったんだァ～～～ッ!!

語れるウンチク集

- ◆カワハギの名前の由来は、皮が非常にかたく、皮をはいでからでないと食べられないことによる。
- ◆カワハギの大好物はエチゼンクラゲ。大量発生して漁業被害をもたらすクラゲなので、カワハギに退治させる研究が進んでいる。
- ◆肝にはビタミンBが多く含まれるがコレステロール値も高いので食べすぎには注意！

旬くん…
ものすごく
美味しいですよ
これ!!

肝の軍艦巻き

カワハギは身が淡白な分、肝に脂と旨味をたっぷりたくわえている。これを軍艦巻きでぜいたくに（つきじ 喜代村 すしざんまい）

フグより旨いともいわれます。白身界の真打ですね。

第6巻 第5話
「カワハギ」

カワハギ
どうぞ
ポン酢醤油を
かけてありますので
そのままで
お召しあがり
下さい
ほう
カワハギの
肝合えか
普通は細切りにして
軍艦巻きにする
カワハギの肝を
握りにしたのか……
相変わらず
見事な腕前じゃ
それに鱒之介さんが
いわんでも
わしにはわかります
入れ歯のわしを
気遣って
カワハギを薄切りに
していただいた
こともな……
89

カワハギ ブランド&産地

北海道以南で全国的によく獲れるため、ブランド化はされていない。似たものにウマヅラハギがいるが、カワハギに味は及ばない。カワハギのほうが茶色の斑点がくっきりしているので見分けは簡単。

写真／神奈川県立生命の星・地球博物館（瀬能宏）

出世魚は数あれど、寿司ダネにはこれが最高！

「ブリ、ハマチ、もとはイナダの出世魚」という川柳がある通り、成長段階でそれぞれに旨い出世魚ならではの楽しみ方がある！

鰤《ブリ》

ブリの仲間もそれぞれ旨い。つまんでみればそのとりこ

旬 冬

生

冬が寒ければ寒いほど旨くなるのがブリなのだ。歯を立てたときのサクッとした食感が最高。

ブリ・イナダ・ハマチはどれも寿司ダネ向きの旨い魚で、刺身にするとプロでも見分けがつかないぐらいにそっくり。それもそのはず、この3つは大きさによって呼び名が変わる〝出世魚〟なのだ。

まず、40㎝前後のものをイナダ、80㎝以上になるとブリと呼ぶ。ハマチとは関西で小型のブリのことを指す名称だったが、現在は養殖もの（イナダ程度か、それ以上で、ブリ以下）をハマチと呼ぶようになった。

さて肝心の味は、同じアジ科らしくどれも脂の旨味が魅力。なかでもブリは、寒さに耐えて旨味をたくわえるため、師走あたりのものは最高レベルとされて人気がある。

語れるウンチク集

◆ブリ、イナダ、ハマチと同じアジ科の魚にヒラマサがいる。ヒラマサ、カンパチ、イナダを（旨い魚の）御三家と呼ぶことも。

◆ブリはタイと並んでおめでたい魚。長崎県ではお雑煮にブリの切り身を入れて新年を祝う。

鰍《イナダ》

旬 夏

生

若い魚ならではのわずかな甘みを含んだ旨味とシコシコした歯ごたえが身上。(つきじ 喜代村 すしざんまい)

魬《ハマチ》

旬 夏

生

自然に近い養殖方法が確立され、ほどよい脂のものが出回るようになった(つきじ 喜代村 すしざんまい)

第16巻 第3話
「御三家」

夏が厳しければ厳しいほど冬が厳しければ厳しいほど美味くなるのがブリです!!
……

ブリ ブランド&産地

暖流と寒流が流れ込み、安定した水質の海洋深層水で満たされた富山湾。ここで獲れる「氷見のブリ」が、全国的に知られている。冬になり冷え込むようになると、それにつれてブリは体に脂肪をたくわえ旨くなる。

写真／神奈川県立生命の星・地球博物館（瀬能宏）

カンパチ

間八

greater amberjack

旬 夏

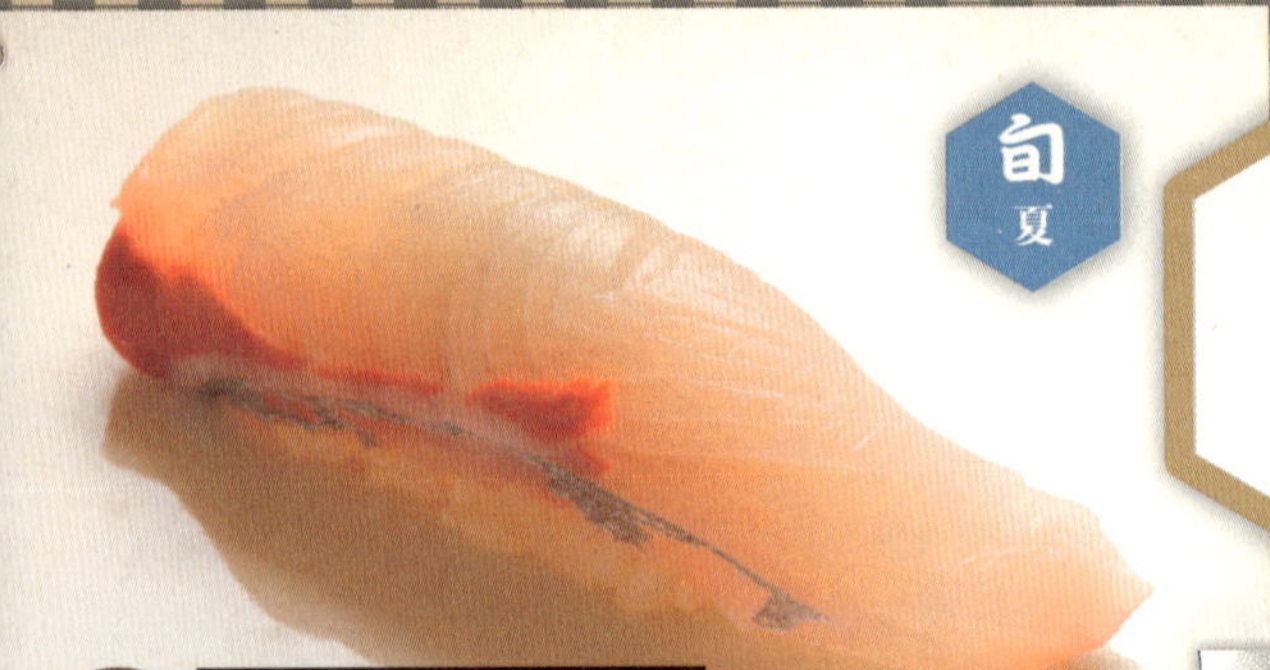

生

獲れたてよりも、熟成期間をおいてからのほうが旨味が倍増する。脂も上品。（鮨 太一）

カンパチは温暖な気候を好み、鹿児島や宮崎のものがおいしい。養殖技術の発達で、天然ものに引けを取らないカンパチが成長中！

語れるウンチク集

- ◆養殖ものがほとんどで通年出回るが、天然ものは夏が旬。
- ◆ブリの仲間で脂を楽しむ魚だが、脂ののりがほどよい夏のものも好まれる。
- ◆血合いが鮮やかなものは鮮度がよく旨い。

カンパチは、ショッコ→シオゴ→アカハナ→カンパチと成長に応じて名前が変わる出世魚。

キミもオレも
ショッコのように
ヒヨ カンパチって
まだまだ成長しなきゃ
ならないんだから……

カンパチは成長するのに従って脂ののりがよくなり、より深い味わいになる（鮨 太一）

第5巻　第10話
「ショッコ」

若々しい味わいが最高。九州のものは最高レベル！

タイのねっとりとした弾力とは対照的に、歯切れのよいサクサクした食感が小気味よい。それでいて、身から染み出る旨味たっぷりの脂も実に美味で、寿司ダネの優等生といえる。

この魚も、ブリやコハダと同じ出世魚。カンパチの若魚で体長30㎝前後のものをショッコと呼び、これが大きくなったものがカンパチとなる。ちなみに、カンパチの名は、目の間に漢字の「八」に似た模様があることにちなむ。

カンパチって
確かブリとか
コハダとかと同じ
出世魚よね
うん よく
知ってるな…

第5巻　第10話
「ショッコ」

細魚《サヨリ》

halfbeak

姿が美しく身が細いため、いろいろな細工ができる魚です。寿司飯にオボロをまぶしてから握ったりすることもあります。

旬
春

清楚な銀白色が美しい早春の風物詩。

酢じめ
光を飛ばさないように酢でしめる。細いサヨリは片身を折り曲げて片身づけにする。

この細くてきれいなお魚は確か……
サヨリです
旬は秋と春なんですがこの時期のサヨリは〝早春の女王〟とも呼ばれていて秋のものより脂が薄く上品で独特の香りもあるんですよ

第5巻　第9話
「サヨリ」

見た目が美しいサヨリは、握りにしても端正な姿が楽しめる。味は淡白で、デリケートな旨味をもっている。

春の訪れはサヨリで知る。コハダの旬が終わり春が待ち遠しいころになると、春のサヨリが旬を迎える。この時期のサヨリは〝早春の女王〟と呼ばれ、独特の上品な香りを持ち、これが広く好まれる。もちろん脂をたっぷりたくわえた秋のものも人気があるが、江戸っ子は何かと初物をありがたがるものだ。

銀白色に輝く姿はすらりと長く美しく、身は白い。しかしサヨリは悪食のため腹の中は真っ黒。丁寧に洗って酢でしめる。

語れるウンチク集

◆スマートで透明感ある姿だが、包丁を入れると内臓は真っ黒。そのため、腹黒い人のことをサヨリ腹という。

◆細工がしやすいので、ワラビの形に握ったり、輪にして握ったりして提供される。

◆石川県ではサヨリを〝花見魚〟と呼び、県の魚に指定している。若狭湾のサヨリ漁解禁のニュースは春の風物詩だ。

伊佐木《イサキ》

grunt

旬 梅雨～夏

生 淡白な白身の旨さも素晴らしいが、潮の香りを思わせるわずかな磯臭さもイサキの魅力（つきじ 喜代村 すしざんまい）

旨さに驚くイサキは骨までしゃぶりたいほど！

語れるウンチク集

◆梅雨イサキのほか、麦の刈り入れ時期に旨くなることから、ムギワライサキとも呼ばれる。逆にタイは味が落ちる季節なので、ムギワラダイとは旬を過ぎたタイということになる。

◆「イサキは北を向いて食べろ」ということわざがある。これは、イサキのかたく鋭い骨に気をつけろという意味だ。

イタリア料理のアクアパッツァなどにも向く、夏の人気者。マダイより旨いってホントです。

東京湾の夏の風物詩！

イサキは身がややピンクがかった白身魚。スズキと同様に、夏を代表する魚である。特に梅雨時期に獲れるイサキは「梅雨イサキ」と呼ばれ、最も旨いとされる。しかしイサキは骨がするどく、非常にかたい。その昔、イサキを食べて骨がのどに刺さって死んだ鍛冶屋がいたことから、「鍛冶屋殺し」の異名をもつほどだ。

そして、特筆すべきはその食感。ひと口めは脂分の少ないマダイのようだが、噛むごとに品のいい脂がジワリと染み出してくる。九州などでは、マダイよりイサキのほうが旨いといわれているほどだ。

イサキ ブランド&産地

九州での水揚げも多く、長崎県でも「値賀咲（ちかさき）いさき」としてブランド化された。また、南高梅の栽培で知られる和歌山県田辺地方で、地元産のイサキを名産化しようと、「紀州いさぎ」ブランドが誕生している。

ん〜〜〜うまい!!
白身なのにすごく脂がのってるわね…これ!!
はい イサキは普通焼き物が一番だと言われますけど30㎝を越すものは脂がのって焼き物より刺身や寿司ダネに向いているんです
夏の白身の王様ともいわれタイより旨いという人もいます

第7巻 第3話
「イサキ」

白身魚は淡白な味わいのものが多いが、夏のイサキは脂ののりがよい。ただしかたい骨には要注意。

ん〜〜〜っうまい!!
見事だぞ旬坊!!

あぶり

イサキの皮はやわらかく美味なため、皮目を残したまま表面を軽くあぶるのも美味（つきじ 喜代村 すしざんまい）

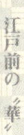

握りで食べたらまた旨い！

ニッポン全国北から南へ希少白身ダネ、大集合！

寿司屋であまり見かけることはないが、見かけたら絶対に食べたい珍しい白身魚をご紹介。味は折り紙つきです。

旬 秋～冬

吉次《キチジ》

sebastolobus macrochir

生　目が大きく、鮮やかな赤色をした愛らしい魚。切り身にしてもほんのり桜色で食欲をそそる（つきじ 喜代村 すしざんまい）

北の海のお嬢様

キンメダイ以上の高値がつく「超高級魚」。脂ののりは最高レベルでじわりと口の中を潤す。

焼き物や鍋の具材にすることが多い魚だが、新鮮なものは刺し身や握りでも。江戸前の寿司屋より、東北や北海道の寿司屋でしばしば見かけるネタである。

鯍《アラ》

sawedged perch

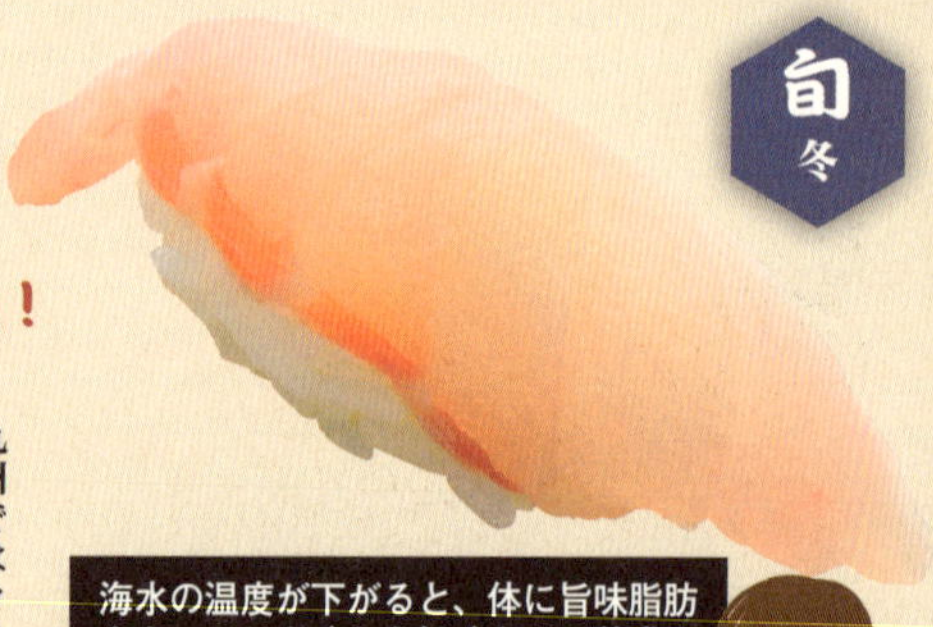

旬 冬

九州で人気の幻の魚！

九州ではクエのことを「アラ」と呼び、まぎらわしいが、ここではスズキの仲間のアラをご紹介。あまり知られていないが、アラは身が締まり大変おいしい魚だ。スズキに似ているがスズキよりも脂ののりがよく、寿司以外でも鍋などに引っ張りだこなのだ。

生　海水の温度が下がると、体に旨味脂肪をたっぷりたくわえ旨くなる。熟成させることで旨味が何倍にも！（つきじ 喜代村 すしざんまい）

太刀魚《タチウオ》

hairtail

旬 夏

あぶり

肉質が繊細でやわらかく、口に入れた瞬間にふわりとほどける。あぶりにして香りを強調（つきじ 喜代村 すしざんまい）

九州に夏を告げる！

タチウオといえば煮て、焼いておいしい魚だが、郷土色あふれる寿司が見逃せない。和歌山県の海沿いを走る紀勢本線では、旬の夏の時期限定で「太刀魚鮨」を販売、大分県の空港では〝空弁〟としてタチウオの握り寿司を販売。このように西日本で好まれる魚である。

第57巻　第1話
「キチジ」

だろうな 親方は江戸前の寿司にない魚は使わない主義だからな…
けどこのキチジを皮目だけサッと熱湯をかけて寿司にしたら絶対にうめえぞ

焼き物や鍋の具材として知られたキチジだが、握り寿司にしてももちろん美味。北海道ではメンメなどとも呼ぶ。

コチの仲間は、生まれたときは全部オスで、成長するとメスに変わるんです。つまり、性転換するんですね！

真鯒《マゴチ》

bartail flathead

旬 夏

東京湾の釣り人の憧れ

マゴチは一般の魚屋などではめったに出回らない高級魚。海底に沈んで生活する底生魚で、旬は夏。ヒラメと同時に狙う釣り魚としても人気がある。冬場は鍋物の具材としても活躍するが、夏は握りで季節を感じたい。

生

「照りゴチ」と呼ばれるように、旬は日差しの強い夏。東京湾のコチ釣りは夏の風物詩である（つきじ 喜代村 すしざんまい）

平目《ヒラメ》

left-eyed flounder

旬
晩秋〜冬

身

野じめのものは当日が食べごろ、活けじめのものは冷蔵庫で熟成させ旨味を倍増させる。薄く切りつけ、ワサビをかませて握る（つきじ 喜代村 すしざんまい）

舌の上でとろける脂とコリコリの食感の合わせ技！

肉食のため歯が鋭く、獰猛な顔つきをしているのが特徴。身はプリっとした歯ごたえのよさが好まれている。

舌の上をすべりゆき幸せな余韻を残す……

「寒ビラメ」という言葉があるように、寒さに耐えるべく脂をたっぷりたくわえ身をむっちりと太らせる冬に旨くなる魚。舌をすべるようななめらかでキメ細やかな身質がなんとも上品。

また、運動量の多いヒレのつけ根部分がよく知られた「エンガワ」。ジュワッとほとばしる脂とこりこりの食感がたまらない。

味は、よく似た近縁種であるカレイよりもさっぱりめ。それでいて旨味とコクもあるのだから、寿司飯との相性も申し分ない。抜群の人気を誇るのもうなずける。

最近はヒラメの代わりに、巨大なオヒョウという魚を使う寿司屋も増えているそうです。

なるほど…
この時期のヒラメの
身が飴色なのは
脂が身に回ってる
からなんですか…
ああ ここ数年
暖冬続きで身の
締まりがいまいち
だったが…
今年は小振りの
モノでも脂が
乗ってて そりゃ
うめえぜ…
へえ…
そうなん
ですか…

第33巻　第2話
「寒ビラメ」

「寒ビラメ」という言葉があるように、寒い時期は身に脂が回り身があめ色になって美味。冬だけのごちそうだ。

語れるウンチク集

◆ヒラメとカレイの見分け方は、「左ヒラメに右カレイ」。目がついているのが左だとヒラメ、右だとカレイということだ。

◆ヒラメは上身（表側）のほうが味がいいとされる。

◆鈍そうな見た目とは裏腹に獰猛で、砂に潜って獲物を待って食らいつく肉食魚である。

エンガワ

ヒレを動かすためのサヤ状の筋肉が発達し、脂がたっぷりのっておいしい部位。とれる量が少ないので希少なタネだ（つきじ 喜代村 すしざんまい）

真子鰈《マコガレイ》

marbled sole

キメの細かい白肌で寿司ツウを誘惑する悩ましくも旨い魚。

タイと並んで白身の高級魚とされるヒラメは、夏になると味が落ちてしまう。そこでカレイの出番だ。一般に、カレイの旬は秋から春先であるが、マコガレイは春から夏にかけて旬を迎える。

とはいえ、〝カレイの代打〟とあなどることなかれ。マコガレイはヒラメよりもコラーゲンがたっぷりできめ細かく、きりっと引き締まった肉質はほかでは得難い。美味な柔肌をご堪能あれ。

軽く塩をして昆布でしめると、旨味が倍増してまた別の味わいになります。

日本で最も有名なマコガレイのブランドといえば、大分県の城下ガレイ。大分県日出町（ひじまち）で水揚げされるもので、非常に高価かつ美味。

生

ひと晩〜二日ぐらい寝かすことで熟成が進んで旨くなったところで切りつけ、シンプルな握り寿司に（鮨 太一）

旬
春〜夏

星鰈《ホシガレイ》

spotted halibut

泣く子も黙る超高級魚。

漁獲量が少なく、天然本マグロと同等かそれ以上の高値で取り引きされるほどだ。熟成させると身がやわらかくなり寿司飯にすんなりなじむ。また、熟成が進んだ白身魚特有の旨味も出てくる。しかし、ぷりっとした歯ごたえのよさを活かすために活けものを使う店も増えてきた。

白身の王様……
ホシガレイです——!!

第2巻　第2話
「ヒラメとカレイ」

夏場はヒラメの味が落ちるため、代役のカレイの出番となる。代役とはいえヒラメをしのぐ旨さのものもある。

語れるウンチク集

◆「夏のカレイは犬も食わぬ」ということわざがあるが、マコガレイの旬は春～夏である。また、マコガレイは旬を過ぎても比較的味が落ちにくいという特長がある。

◆ホシガレイはカレイ類のなかでも大きくなる種類で、全長50㎝ほどになる個体も。

なっ…何ッ!!
こっ…これがカレイ……!?

マコガレイより歯ごたえがよく、ヒラメより濃厚なのがホシガレイ。高級料亭御用達なので寿司ダネとしては超希少。

第2巻　第2話
「ヒラメとカレイ」

おさらい魚コラム 「白身魚」の巻

脂肪が少なく消化吸収がよいため、老若男女に好まれる白身魚。さらに魚特有の臭みが少ないため、さまざまな白身魚を寿司で楽しめる。ここでは、ちょっと珍しい白身魚をご紹介しましょう。

イボダイ

イボというのは、胸ビレの上にある黒い斑紋のこと。それがお灸の跡に見えることからこの呼び名がある。旬のものは脂がのり、ふかふかとやわらかでキメ細かな身が最高。焼き物や干物にしても美味。

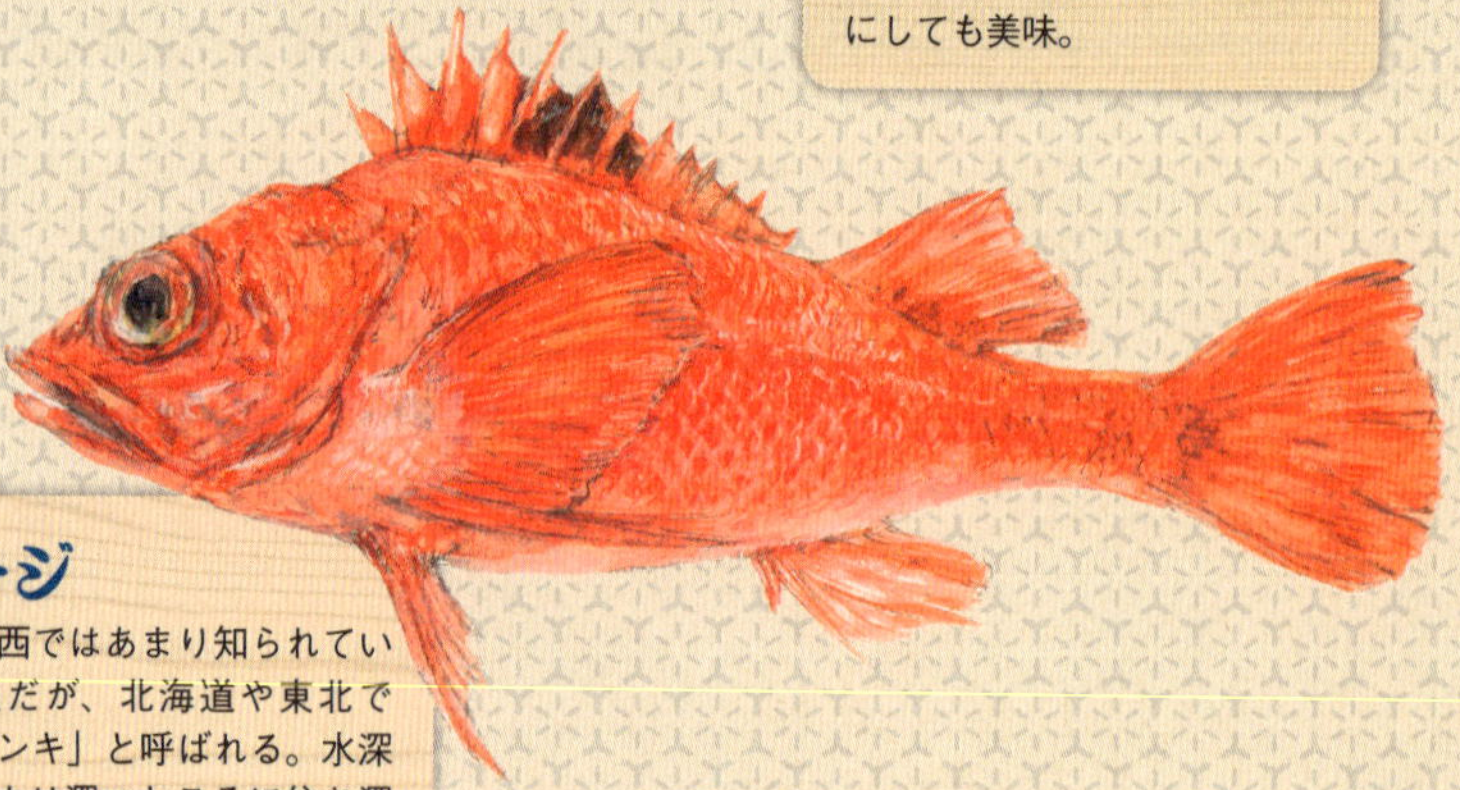

キチジ

関東以西ではあまり知られていない魚だが、北海道や東北では「キンキ」と呼ばれる。水深150mより深いところに住む深海魚である。寿司ダネのほか塩焼きや煮つけの魚としてよく知られている。

シロウオ

シロウオはハゼ科の魚で、稚魚に見えるがちゃんとした成魚。よく似たシラウオはサケ目シラウオ科の魚。卵を持ったシロウオはまとわりつくような食感とねっとりとした甘みがあるため、味は最高。

マゴチ

一般の魚屋にはほとんど出回らないが、寿司ダネに握るときは薄造りにすると最高。弾力のある歯ごたえと染み出る旨味は、テッサナミ（テッサ＝フグの刺身並み)」とも称されるほど。

寿司コラム 3

魚の握り以外の厳選！旨い寿司

寿司と言ったら魚の握り？　いえいえ、それだけではありません。歴史も旨さも超一流の「魚以外の寿司ダネ」と「ちらしずし」をお披露目です。知るほどに奥深い世界へ、ようこそ！

写真＝つきじ 喜代村 すしざんまい

芽ネギとは、葉ネギが芽吹いた直後に収穫した若い芽のこと。芽ネギは江戸時代から続く伝統的な寿司ダネで、針のように細い芽を束にして寿司飯にのせ、海苔の帯をひと巻きすれば芽ネギ寿司の完成だ。こってりと脂がのった魚の寿司を食べたあとに口の中をさっぱりとリセットしたり、サラダ感覚で食べたりと、地味ながらなかなか優秀なのである。

また、香味野菜らしい特有の香りも魅力で、その香り成分のアリシンが血行促進などの健康効果ももたらしてくれるから嬉しい限り。女性に人気があるのもうなずける。

芽ネギ以外にも、かいわれ菜、つまみ菜、みつば、葉ものなどの野菜を使う寿司はいくつかあって、見た目のおもしろさ、色の鮮やかさで目を楽しませてくれる。

かんぴょう巻き

写真＝つきじ 喜代村 すしざんまい

かんぴょう巻きは手間暇かかる巻き物である。まず、干しかんぴょうを海苔の横幅と同じ長さに切り、ひと晩水に漬けて戻し、塩もみして繊維をほぐす。何度も水換えをしながら塩抜きをしたら、芯が少し残るぐらいに煮てザルで水けを切り、味が均等になじむように長さを揃えて切る。水、白ザラメ、醤油で作った調味液に入れ、煮汁がなくなるぐらいまで煮詰めて、かんぴょう煮の完成だ。

魚介の寿司ダネに比べて見た目は地味で価格も安いが、昔は「海苔巻きといえばかんぴょう巻き」というほど、かんぴょう巻きは江戸前の寿司屋には欠かせないものだったという。

濃いめの甘辛風味に仕上げるので、巻いたあとの切り方は6等分（かっぱ巻きは4等分）。噛みしめると旨味がたまらない。

かっぱ巻き

写真＝つきじ 喜代村 すしざんまい

キュウリの海苔巻きをかっぱ巻きと呼ぶ。かっぱ（河童）の好物がキュウリであることからこの名がついたといわれている。

キュウリは、普通の大きさのものを縦に4等分にしたものを使ったり、糸のように細いせん切りにしたものを束ねて入れたり、店によってそのスタイルはさまざま。また、高級な寿司屋では、まだ成長途中の小さめのときに収穫した「花丸キュウリ」を使うところも。これだと切らずに丸ごと1本のキュウリを芯にできて、見た目も愛らしいうえにサクサクと小気味よい食感が素晴らしい。

切り方の流儀がちょっとおもしろく、かっぱ巻きは四等分（かんぴょう巻きは六等分）にすることが多い。かんぴょうと違い味の薄いキュウリは長めの四等分でもOKということだ。

いなりずし

写真＝つきじ 喜代村 すしざんまい

稲荷神社の神様の使いはキツネ。キツネの好物は油揚げだから、いなりずし。食材の空洞の中に寿司飯を詰め込むものを印籠ずしと呼び、いなりずしもその一種である。その発祥の地は、愛知県の豊川神社の門前町といわれている。

東京のいなりずしの寿司飯にはほとんど具が入っていないが、関西のほうだと、味つけしたレンコンやシイタケなどを混ぜ込むことが多く、こうしたいなりずしを「五目いなり」とも呼ぶ。

また、東西のいなりずしを比較するとおもしろいのが、関東だと四角い油揚げを使うのに対して、関西は三角の油揚げを使うこと。さらに東京では、油揚げが真っ黒な「黒いなり」、油揚げを裏返しにして握るいなりずしなど、歴史も見た目もユニークなものがある。

玉子焼き

写真＝つきじ 喜代村 すしざんまい

デザート感覚で仕上げに食べる人もいる玉子焼き。寿司ダネとしては珍しい、焼き物の一つである。

魚河岸や市場で、「河岸（かし）玉」、「すし玉」などとして玉子焼きを売る店があり、これを仕入れて握る店もある。しかし、「玉子焼きを食べれば、その店の良し悪しがわかる」というように、玉子焼きの仕事でその店の特徴がわかると言われたものだった。味つけ、焼きあげなど、さまざまな技術が要求される寿司ダネなのである。

手作りの場合、生地に魚のすり身を入れたり、自家製のだしで仕上げたりと、その店独自の〝味〟が出る。握り方も、寿司飯にのせて海苔の帯をかける以外に、寿司飯を玉子焼きに袋詰めにしたり、「くらかけ」などの飾り切りを施したり、スタイルは多種多様だ。

ちらしずし

押しずしのように押さないで、寿司飯と細かく刻んだ具で作り、塗りの蓋物容器に盛り付けたすしをちらしずしと呼ぶ。見た目が華やかで、お土産にも最適だ。

関東には昔から寿司飯の上に細かく刻んだ具を散らした「ちらし五目」という郷土寿司があった。「ふきよせちらし」とも呼ぶ。これに対して関西のちらしずしは、寿司飯に具を混ぜ込んだもので、「ばらずし」、「混ぜずし」と呼ぶ。

戦前まで、江戸前ちらしずしにはシイタケ、酢バス、玉子焼き、オボロ、煮イカなどを使い、生ものが使われることはなかった。なまの魚介を使うようになったのは戦後からの傾向で、現在ではマグロ、イクラなどをあしらい、宝石箱のように美しいちらしずしが食べられるようになった。

漫画

『江戸前の旬』セレクション

「新生姜」

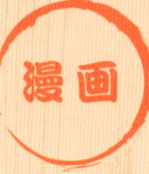

江戸前の旬
セレクション
新生姜

やっぱ銀座でお寿司ってなんか緊張しちゃうよな
学生時代は回転寿司専門でカウンターなんて座った事なかったもんな……
みなさん会社のお仲間ですか？

ええ 同じ会社の同期なんですけど三人とも地方出身者で……
こうして社会人になった証にどうせなら銀座で江戸前寿司を食べようって事になったんです
それで「銀座・江戸前寿司・大衆価格」をキーワードにインターネットで検索したら「柳寿司」さんがヒットしたんです…
ブログにも値段は安いが腕は一流…って書いてあったんでここを僕たちの江戸前寿司デビューのお店に決めたんです
イッ…インターネットで……
そうですか…ありがとうございます…
フフ…
ウチの主人アナログ人間でいまだに携帯電話すら持っていないんです

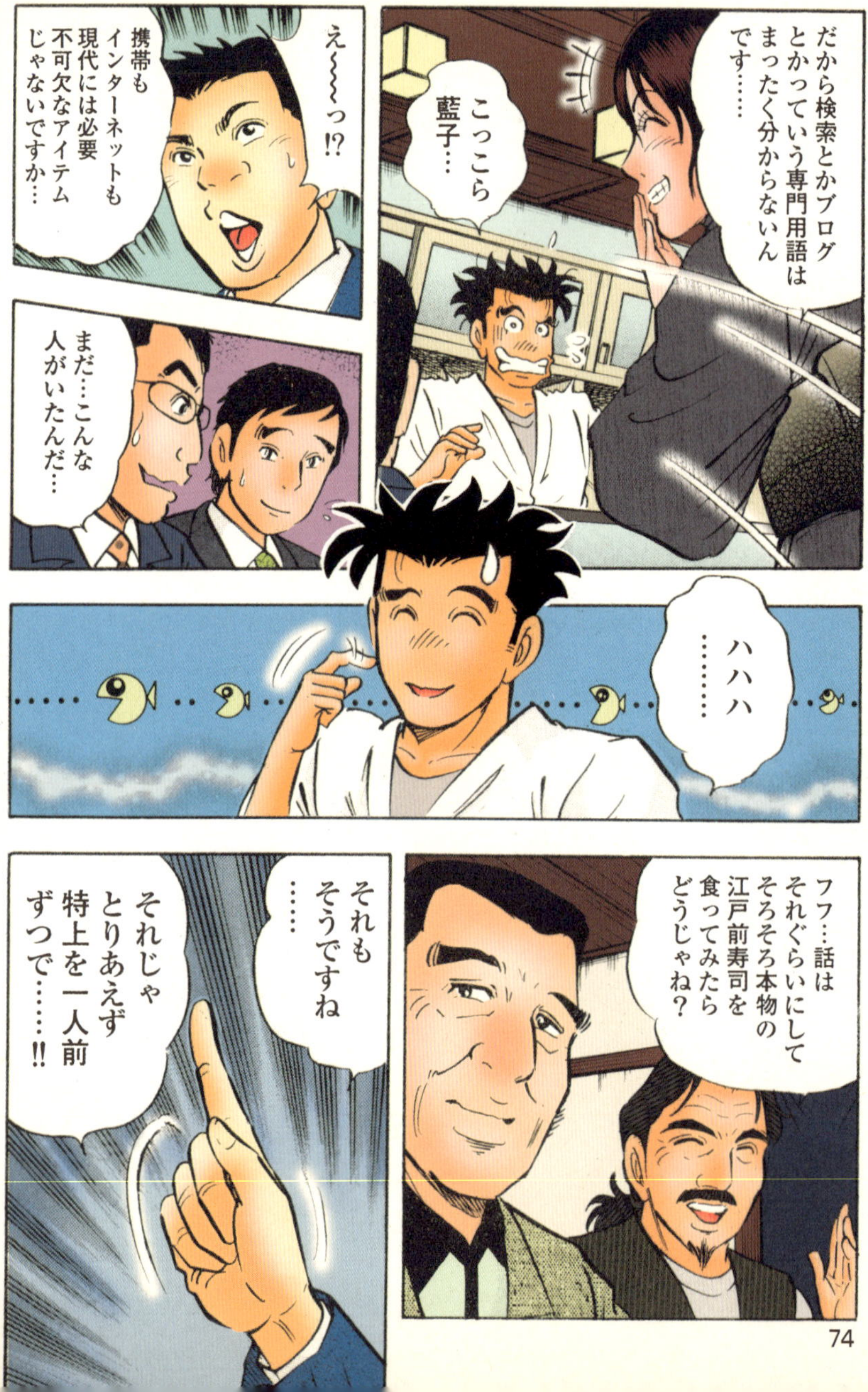
だから検索とかブログとかっていう専門用語はまったく分からないんです……
こっこら藍子…
え〜〜〜っ!?
携帯もインターネットも現代には必要不可欠なアイテムじゃないですか…
まだ…こんな人がいたんだ…
ハハハ………
フフ…話はそれぐらいにしてそろそろ本物の江戸前寿司を食ってみたらどうじゃね？
それもそうですね……
それじゃとりあえず特上を一人前ずつで……!!

へい
あの～僕ら江戸前寿司の作法とかそういうの詳しくないんで…
間違っていたら教えてください………
そんなにしゃっちょこばらずに気軽に愉しんで下さい
握り寿司は元々庶民が屋台で食べていたファーストフードだったんですから
フフ…旬坊も段々鱒之介さんに似て来たわい…

どうぞ一人前です……

お寿司ってこんなに綺麗だったたっけ？
なんかキラキラ輝いてて食べる宝石って感じだな…！
すすいませんこのお寿司を僕のブログに載せたいんですが写真を撮らせて貰ってもいいですか？

ええ…
どうぞ
構いませんよ
ただ……
天ぷらは揚げたて
寿司は握りたてが
一番ですから出来るだけ
早く食べて下さいね
はい!!
パシャッ
パシャッ
パシャッ
食べる前にまず
写真とは…なんとも
時代の流れを
感じるのぉ〜
彼らを見ていると
なんだか
愉しそうで
羨ましく
思えますよ
私らの若い頃は
男が食べ物について
あれこれ言うのは
・・・
さもしいと
批判されました
からね…
自分の日記をブログと
称してインターネットで
不特定多数の人間に
見せるという行為は
私のような古い人間には
全く理解出来ませんが…

…確かに
そう考えれば
自由にモノが言える
いい時代になった
のかもしれんのぉ…
んん…
うめぇ〜〜〜〜!!
あれ…?
このガリ
いつも食べてるのと
まったく違うぞ…

えっ……?

どれどれ…

本当だ…

いつも食べてるガリは妙に甘ったるくて変な苦味があるけどこのガリは甘さが抑え目で生姜らしい辛味もあって歯応えもしっかりしてる…

やっぱ銀座のお寿司屋さんだからガリも特別注文とか普通じゃ手に入らないような高級品を使ってるんだよそうでしょう?

いえ…ウチのガリに使ってる生姜はスーパーや八百屋で普通に売ってるモノですよ

えっ？
そうなんですか
……？
ええ…
ただウチのは
新生姜を使った
自家製ですけどね…
へぇ～
じゃあこれって
手作り
なんですか
お寿司屋さんの
ガリって簡単に
作れるんですか？
ええ…新生姜を
薄切りにしたら
塩をしてしばらく
置くんです
それからたっぷりの
お湯でさっと湯通しして
手早く水気を取り
熱い内に
一度煮立ててから
冷ました甘酢に漬け込む
だけなんです

へぇ〜〜〜でも大量に作るんでしょ？
業務用のモノを買った方が経済的だし合理的なんじゃないんですか？
ええ…でもウチの寿司には甘味の強い市販のガリは合わないんです
それに今は貯蔵技術も進んで新生姜を一年中手に入れる事が出来ますけど…
それでも春から初夏にかけての今の時期に採れた新生姜で作るガリは別格ですからね…

魚に旬があるようにガリにも旬があるんです…
それに新生姜のガリを愉しみに来て下さる粋なお客さんも銀座にはまだまだいらっしゃいますからこちらも愉しんで作らせて頂いてるんです
!!

ガリって
お茶なんかと一緒で
寿司屋では無料《タダ》って感覚が
あったけどお金はもちろん
職人さんの手間隙や
お客さんに対する
想いやりも込められて
いたんですね…
これじゃ
ブログでも
評判になる
はずだ…
〝「柳寿司」さんは
居心地がいい〟って
書いてあったけどそれは
脇役であるガリにさえ
一切手を抜いてないから
なんですね…
きっと……
あ あの
一つ聞いても
いいですか？

新生姜

どうして握り寿司ではワサビだけじゃなくて生姜《ガリ》も使うんですか？

それ…俺も前から不思議に思ってたんだよな…

ワサビや生姜《ガリ》って寿司ダネである生魚の臭みを消したり食あたりや食材の腐敗防止っていう同じ働きをするものなのにどうして両方使うのかって…

なるほど…言われてみれば確かに……

？

確かにワサビと生姜は同じような働きを持つ食材だけど……

※生姜そのものをガリと呼ぶ事もある

実はワサビは
その刺激的な辛さで
瞬間的に味覚と嗅覚を
麻痺させる事によって
魚の生臭さを感じなく
させているんです
それに対して
生姜は
魚の持つ独特の
生臭みを元から消す
働きを持って
いるんです
あっ そっか…
だからカツオや
アジのような
くせのある魚には
ワサビじゃなくて
生姜を使うのね
なるほど〜〜〜
なんだか凄い事
聞いちゃったな
これは絶対
ブログに
載せなきゃ…
ムッ!!

………
パタン
なんだ どうした…？
いや…このガリから受けた感動は写真じゃ絶対に伝えられないだろうなって思ったら…
なんだか虚しくなってさ…
!!

なんか…分かるなそれ…

実は俺もここのお寿司ってカメラのファインダーを通して見るより自分の目で見た方が何倍も美味しそうだなって思ってたんだ…

俺もさ…けどなんか習慣でつい撮っちゃうんだよな〜〜

なあ…もう写真なんか撮るのはやめて「柳寿司」さんの寿司を自分の舌と目で存分に愉しもうぜ
賛成〜〜っ!!

ニコッ

何気なく口にし
普通なら見過ごして
しまいがちになる
寿司屋のガリに
これ程感動して
くれるとは…
最近の若者も
捨てたもんじゃ
ないのォ…
ええ
……

■新生姜／完

寿司コラム ④

寿司を引き立てる“名脇役”に大注目！

地味な存在ながら、寿司屋にとって欠かせないものがある。ここでは、寿司を縁の下から見守っている“名脇役”たちに注目してみましょう。奥ゆかしくも頼もしいその存在も魅力的なのです。

ワサビ

ワサビとは、寿司ダネの旨味を何倍にも引き立てる名脇役であり、単なる薬味として添えられるものではない。その存在をほとんど感じさせないが、寿司にとってはタネの味を左右する重要なものだ。

それに、「ナミダ巻き」といって、せん切りにしたワサビを芯にして寿司飯を海苔巻きにした粋な寿司だってある。ワサビは寿司の主役にもなりえるのだ。ナミダ巻きの名前は、「よく効くワサビは涙が出る」ことに由来する。辛くて旨くて、涙が止まらない！

水で溶いた粉末のワサビや練りワサビも使いやすく味も悪くないが、葉つきのワサビをおろして使うのが一番。ワサビをおろす道具にはおろし金やサメ皮などがあり、サメ皮でおろすと非常になめらかで香り豊かな仕上がりになる。

お茶

寿司屋のお茶の多くは熱い粉茶だ。ひと口で、口の中の生臭さを取り去ってさっぱりさせてくれるのは、熱湯で淹れた粉茶に他ならない。抗菌作用や食中毒予防効果も見逃せない。

　寿司屋でお茶を「あがり」と呼ぶのは、花柳界由来の縁起かつぎ。遊郭では客が出入りする際にお茶を出していたが、最後に出すお茶を「あがり花」と呼んだこと、お茶は「挽く（引く）」に通じ縁起が悪いのを避けたことによる。

　最後に、寿司屋の湯呑に関するおもしろいウンチクを一つ。寿司屋で使う湯呑が大きいのは、何度もお茶を淹れなくても済み、客にも都合がいいというわけだ。

ガリ

ショウガの甘酢漬けがガリ。薄切りショウガに塩をしてしばらく置き、湯通しをして水けを切り熱いうちに一度煮立てて甘酢に漬け込むだけと作り方は単純。魚河岸でできあいのものが売られているが、自家製ガリの旨さは感動的。新ショウガだとなおさら旨い。

　また、魚の生臭さに対する作用にも注目したい。ワサビが刺激的な辛さで味覚と嗅覚を麻痺させて生臭さを感じさせないようにするのに対して、ガリは生臭さを元から消す作用がある。アジやカツオなど、クセが強い魚にショウガを使うのも納得だ。味の濃いもののあとに食べると、味覚をリセットしてくれる効果も。

第四章

旨味がみなぎる赤身魚

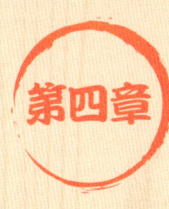

鰹
カツオ

bonito

旬 春、秋

生

カツオは「冬はあぶり、それ以外は生」とする職人が多いが、逆の考え方の人も（鮨 太一）

江戸っ子好みの初物も脂ののった戻りガツオも、女房を質に入れても食べたい！

旬は春と秋の年二回

初物好みの江戸っ子気質はいまなお健在。春の市場と寿司屋の話題は、何をおいても初ガツオ！　初ガツオは脂ののりは薄いものの、きりっと身が締まっている。そして、桜を思わせる軽やかな香りがふわりと漂う。

カツオの旬は春と秋の二回で、漁場が関東以北に移ってから収穫となる秋は「戻りガツオ」だ。こちらは春のものに比べて脂をたっぷりたくわえ身が充実している。

古くから日本人と縁の深い魚、カツオ。縁起を担いで〝勝男〟という当て字を使うことも。縁起かつぎやお祝いごとにも欠かせない。

うわあぁ〜〜〜
何コレ……
口に入れた瞬間 ジワーーッと カツオの旨味を含んだ 脂がとけて 口一杯に広がってゆく……
こんな 旨い握りは 初めてだ……
藁火で焙ってるから 皮目もパリッとして 臭みも全く無い… それに 寿司飯との 相性も完璧だ……

第1巻　第7話
「初ガツオ（後編）」

カツオは南の海で生まれ北の海でたくさんの栄養をたくわえたのちに生まれた海に戻るんです。

だったら
カツオなんて
いかがですか！
今日 河岸で
とびっきりの
カツオを
仕入れて来たん
ですよ!!

第1巻　第6話
「初ガツオ（前編）」

脂ののった秋の戻りガツオもおいしいが、かすかな香りとすっきりとした味わいの春のカツオもおいしい。カツオの旬は年二回。

たたき

昔ながらの江戸前仕事では、ワラを使ってあぶるのが正統派。鮮度のいいものはショウガでなくからしも合う（鮨 太一）

旬
春、秋

カツオ ブランド&産地

高知県、和歌山県、千葉県などがカツオの町として知られており、地元ならではの郷土料理・郷土寿司も多い。ぴんぴカツオ（高知県）、すさみケンケンカツオ（和歌山県）など、知られざるブランドカツオも存在する。

写真／神奈川県立生命の星・地球博物館（瀬能宏）

語れるウンチク集

◆カツオのたんぱく質には特有のにおいがありワサビで消すことができないのでショウガを使うことが多い。

◆カツオは鮮度が落ちるのが早い。鮮度のいいものは、腹の濃青色のシマ模様が鮮明で、背が鮮やかな紫色をしている。

本マグロ一辺倒を改めよ！

読んでタメになる キハダマグロ&ミナミマグロの話

現在マグロといえば本マグロと相場が決まっているが、さっぱり旨いキハダこそ、江戸っ子好みのマグロだった。また、赤身に脂肪が混じりクリームのようにとろけるミナミマグロの旨さも相当のもの。ここでは個性派マグロ２種をフィーチャー！

キハダマグロ 木肌鮪 *yellow fin tuna*

生

キハダマグロは鉄分が少なく、身はきれいなピンク色。時間が経っても本マグロのように黒ずんだりしないため料理屋などでもおなじみ（つきじ 喜代村 すしざんまい）

それぞれに旨さがあり甲乙つけがたい。

　昔の江戸では脂ののりが薄くさっぱりとしたメバチマグロやキハダマグロが好まれていたという。キハダマグロはほかのマグロのような独特の酸味がなく、キハダにはキハダにしかない旨さがある。何かと一段低く見られることが多いが、れっきとした江戸前寿司の系譜を正当に継いだ由緒あるのがキハダの握りなのだ。ピンク色の身も美しく食欲をそそる。ヅケにしてもおいしい。

　次にミナミマグロ。このマグロの出番は、産卵を終えた本マグロが夏になり味が落ちてからだ。そこからは、ニュージーランドやインドネシアなどで漁獲・冷凍されたミナミマグロがマグロ好きを満足させてくれる。冷凍マグロといっても、きちんとした方法で解凍を行えば、生マグロと見分けがつかないほどおいしくなる。さらに、大トロもとれるため、高級マグロに分類されるものもあるのだ。

あのぉ…
本当に生マグロと冷凍マグロの違いってわかります…？

冷凍技術が発展し現在は寿司職人でも冷凍と生の見分けがつかないほど。ミナミマグロは本マグロに並ぶ高級寿司ダネだ。

第35巻　第8話
「冷凍マグロ」

語れるウンチク集

◆キハダの「ハダ」は表皮ではなく「ハタ（ヒレのこと）」。黄色いのは肌ではなくヒレなどである。

◆ミナミマグロは水揚げ後に内臓をとり、すぐ急速冷凍されるため死後硬直がはじまらない。解凍してはじめて死後硬直が起こり熟成とともに旨味が増す。このため、スーパーでマグロを買うならカチカチに凍ったものを選ぶと、解凍したときにおいしい。

キハダマグロのヅケは、江戸前の古い仕事。脂ののりが薄く、年配の方に非常に好まれる味です。

ミナミマグロ
南鮪
southern bluefin tuna

脂の筋がきれいに入り、見た目の美しさからも満足感が高い。芳純な脂を含む大トロは、口に入れた瞬間に消えていく（つきじ 喜代村 すしざんまい）

生

旬
夏

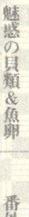

おさらい魚コラム

マグロの「部位」と「種類」の巻

ここでは、寿司屋で耳にする「腹カミ」、「背カミ」などといった「部位」をおさらいしましょう。また、寿司屋で見かけるマグロは、本マグロ、キハダマグロ、ミナミマグロ。それらのイラストも添えました。

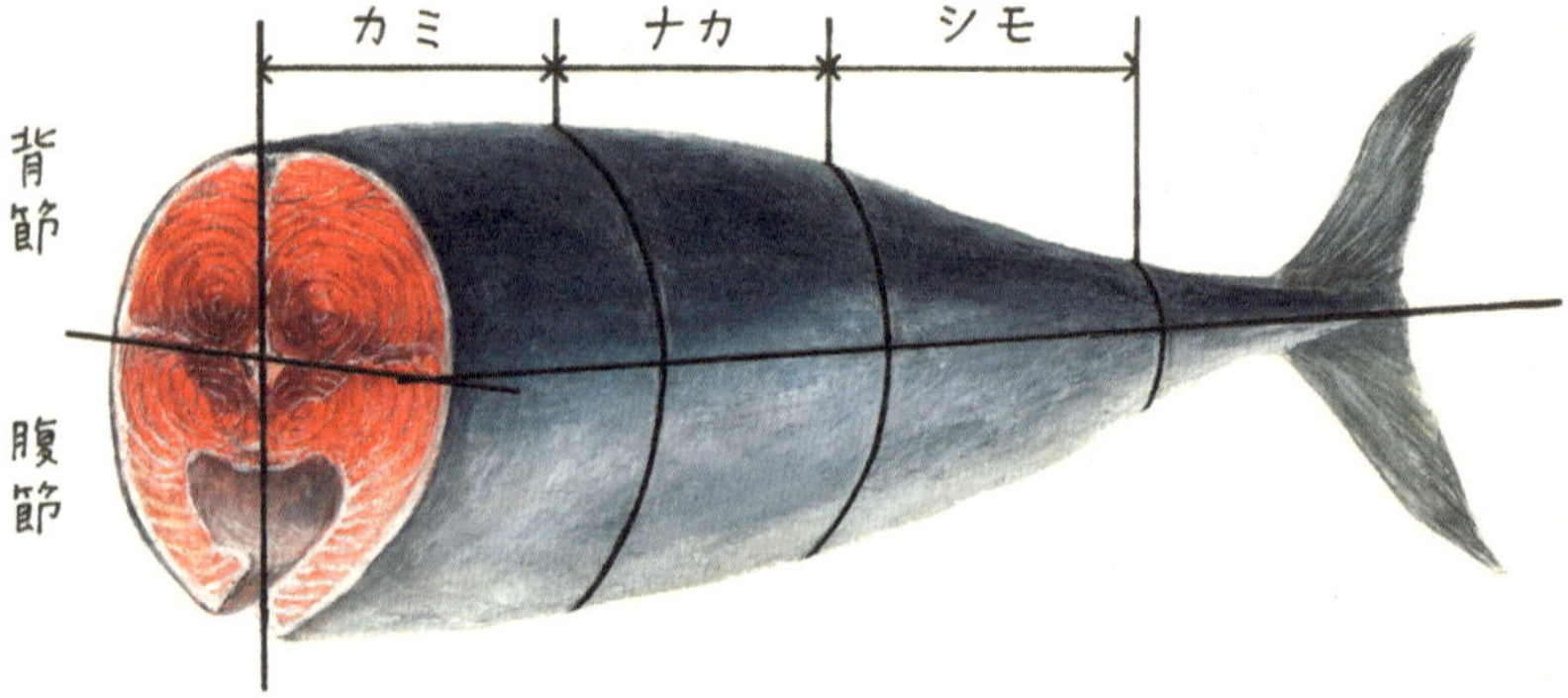

冷凍マグロと違い、生マグロは漁獲後、船上に揚げるときの置き方で上身と下身が決まる。市場の競り場に並べる際も、上身と下身を逆に置くことは原則的にしない。下身には魚体の重みがかかるため、身くずれが起きやすく、上身より若干安値で取り引きされている。また、上身と下身とで味も異なる。生のマグロが上身と下身で卸値が変わってくるのは、こういった理由による。

さてさらに、マグロは部位による味や価格の違いも大きい。まず、魚体の中心を走る骨の上側が背で、下側が腹。腹のほうが脂ののりがいい。次に、頭側から順にカミ、ナカ、シモとなる。カミに近いほど脂ののりがよく、シモにかけて脂ののりが薄くなる。また、カミ寄りの部位ほど高価。そして、たとえば背側のカミなら「背カミ」となり、「ヅケなら背カミ」など、職人は握る寿司の種類によって部位を使い分ける。

寿司屋でおなじみの
人気マグロ３種

本マグロ（クロマグロ）

海のダイヤとも呼ばれる高級品だが、関東大震災以前はあっさりしたキハダマグロのほうが人気だった。体は紡錘形。背は青黒く、腹は白い。

キハダマグロ

キワダマグロ、キハダなどとも呼ぶ。ヒレが黄色っぽいところからこの名前がついた。淡白でさっぱりした味わいで、本マグロより好む人もいる。

ミナミマグロ

西日本では本マグロよりもたくさんいるためなじみが深い。ヒレが黄味を帯びているのが特徴。身肉はきれいなピンク色で、締まりがいい。

寿司コラム 5

「柳寿司」柳葉旬直伝 特製手巻き寿司レシピ

寿司は外で食べるだけのものではない。家族が揃ったら、みんなで手巻き寿司パーティーです。いくつかのポイントを押さえれば、楽しみ方は自分次第！

第11巻　第6話
「手巻き寿司」

米を炊く時は一割程度 水を減らし固めに炊いて下さい
どうしてだい…？
炊き上がった米に後で合わせ酢※を加えるからです
普通の水加減で炊いてしまうと水分が多過ぎてベタベタしちゃうんです
5
3
※合わせ酢＝酢に塩・砂糖等を加えたもの。

ご飯が炊きあがってから合わせ酢を加えることを見越して、米に加える水は普通に炊くよりも少なめにするのが一番のポイント。

其の一

米は固めに炊く

寿司飯は炊きあがったあとに合わせ酢を加えるものだから、普通に白飯を食べるための炊飯とはワケが違う。最初にさっとゴミや汚れを洗い流してからよく研ぐように。三回ぐらい水を換えると◎。炊くときの水は、通常の一割程度少なめの量で。

どれぐらい
あおげば
いいもんだ？
1分ほどで
いいです
パタ
パタ

ご飯が炊きあがったらすぐにボールに移す。合わせ酢を加えたら、全体の粗熱をとる。うちわを使うと便利。

第11巻　第6話
「手巻き寿司」

其の二 ご飯はすぐにボールに移す

ご飯が炊けたらすぐにボールに移し、合わせ酢（※ミツカンのサイトでは4人前で米酢大さじ4、砂糖大さじ3～4、塩小さじ2を推奨）を加える。次に、しゃもじで切るように混ぜる。

其の三 うちわで粗熱をとる

酢合わせしたご飯を大皿に移し、平らに広げてから1分ぐらいうちわであおぐ。それから20分ぐらいそのままにして冷まし、人肌の温度になったらOK。

よし それじゃあ さっそく 巻きに 入りますか
おう!!
タネの方は 一応 色々と 用意はしたんだが…
はい 家庭で作る場合は お好きなものを 色々とアレンジして 楽しむといいです!!

第11巻　第6話
「手巻き寿司」

マグロの赤身、ネギトロ、エビなどが手巻き寿司のタネに向く。そのほか納豆や玉子焼きなど、お好みで。

其の四

寿司ダネは好みでOK

剌身用のマグロ、サーモン、イカなどを棒状に切る。シソやカイワレ菜など、寿司ダネを引き立ててくれる緑の野菜も用意するのが好ましい。

其の五

寿司飯とタネを巻く

海苔に寿司飯をのせて広げる。真ん中にくぼみをつけてワサビを塗る。好みのタネをのせてクルクル巻けば完成！

手巻き寿司専用の海苔を使うのも便利。巻く前にさっとガスコンロであぶるとパリパリ感が戻って食感抜群。

第11巻　第6話
「手巻き寿司」

まずは飯《シャリ》を 上にのせ 優しく 左右に広げ…
まん中に くぼみを つけます
そのくぼみに ワサビを 塗って…
タネを のせれば…

第五章

歯応え抜群！
イカ・タコ類

イカだらけ百花繚乱！

イカの違いがわかる寿司っ食いになる！

いろいろな種類があって、ゲソや印籠詰めなど、握りのスタイルもさまざま。
ここで一度、寿司屋でおなじみのイカの握りをおさらいしてみましょう！

甲烏賊《コウイカ（スミイカ）》

cuttlefish

旬 夏

生 7月の終わりから8月中旬に出回る子イカはとろけるような甘さ（つきじ 喜代村 すしざんまい）

マイカ（モンゴウイカ）を小さくしたようなイカ。スミの量が多いため、関東ではスミイカとも。アオリイカと並ぶ高級寿司ダネである。特に、夏の間だけ出回るスミイカの子どもは、「子イカ」、「新イカ」と呼ばれ、白く透明感あふれる身はやわらかく歯切れが絶妙。

鯣烏賊《スルメイカ》

Japanese common squid

旬 夏

干物のスルメに加工されることが多いが、握りにしても掛け値なしの旨さと抜群の歯ごたえに驚く。旨さのヒミツは、豊富なアミノ酸。「ゲソ」と呼ばれる脚部分まで寿司ダネとして大活躍だ。

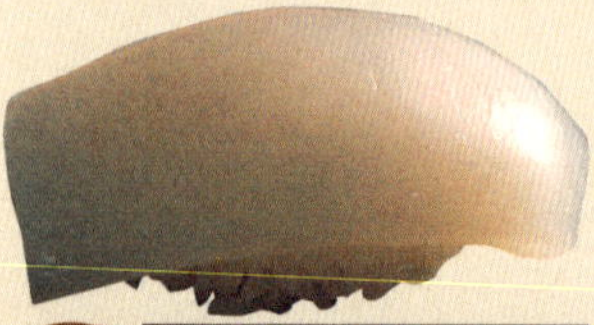

生 大衆的なイメージだが、旬のものは身が薄いがかたく締まり、のど越し爽やか。

生 通年出回るが、夏に多く獲れる。適度に熟成させてから握り、藻塩で香りを引き立てた（鮨 太一）

障泥烏賊《アオリイカ》

bigfin reef squid

旬 夏

最高級の部類に入るイカ。身が乳白透明に透き通り、いかにも旨そうなナリをしている。鮮度がよく身が活かっているものはパキパキという歯ごたえがあるが、寝かせて熟成してもねっとり旨い。

烏賊下足《イカゲソ》

squid tentacles

旨いイカは足まで旨い。イカの足をゲソと呼ぶ。足先の皮をそぐように包丁を入れ、足先を揃えるように切り落とせばできあがり。寿司ダネに向くのは、スミイカの子どもである子イカ。

生

シコシコとした食感が楽しく、磯の風味もたまらない（つきじ 喜代村 すしざんまい）

第45巻　第2話
「スミイカ」

最も使われているイカがコウイカ。スミ袋が発達し、スミの量が多い。スミ袋をとり出すときは要注意。

語れるウンチク集

- イカは釣り魚としても人気。餌木（えぎ）という疑似餌を使うので、イカ釣りのことをエギングと呼ぶ。
- コウイカのスミは、セピア色の原料として使われる。
- イカに含まれるタウリンというアミノ酸の一種は、肝機能強化などの健康効果が期待できる。

印籠詰め《いんろうづめ》

boiled squid pouches

生

小ぶりのイカを使う。甘辛い特製の煮切りを塗ったら完成（つきじ 喜代村 すしざんまい）

江戸前寿司の古い仕事の一つ、イカの印籠詰め。煮汁で炊いた小ぶりのヤリイカやスルメイカの胴に、切りゴマ、もみ海苔、刻んだカンピョウ、ガリなどを混ぜ、寿司飯を詰め込んで握ったもの。

ホタルイカ 蛍烏賊
firefly squid

旬 春

軍艦

鮮度のいいホタルイカ３杯を寿司飯にのせ、海苔で巻いた軍艦巻き。ねっとりとコクのあるワタごと召し上がれ。

おいしくなって
お客さんの心に
染み渡れ
〜〜〜〜!!

語れるウンチク集

◆ホタルイカが光るのは、体についた3つの発光器のため。危険を感じたときなどに、身を守るために発光するのだとか。

◆新月の夜、ホタルイカは〝身投げ〟する。これは、産卵のため岸に接近するが、月明かりがないと方向感覚を失い、波打ち際に打ち上げられてしまうのだ。

旨味抜群のホタルイカ。苦み走ったワタごと召し上がれ！

ホタルイカは、外洋の水深200〜600ｍの深いところに住んでいるが、産卵期になると浅瀬に浮上してくる。この時期（卵を持つ前）のホタルイカは身がよく締まり、甘みと旨味がたっぷり。

また、全長6〜7㎝と小ぶりなためワタ（内臓）まで丸ごと食べられる。独特の苦味とえぐみが身上。牛レバー以上にビタミンAを豊富に含むため、健康効果も期待できる。握り寿司以外に酒肴としても居酒屋などでおなじみだ。

富山湾で大量に獲れるため、富山のホタルイカは全国的に有名。富山県滑川市には『ほたるいかミュージアム』まである。併設のレストランではホタルイカ料理の提供も。

旬 冬

真蛸《マダコ》

common octopus

ゆで

ゆでることで食感がやさしく、色、香りともにいっそう引き立つ。食べやすいように包丁目を入れた（鮨 太一）

栗をゆでたときのような ほっくりとした甘みが魅力。

握りにはマダコ。タコの仲間は種類が多いが、味、香りの良さは群を抜いている。旬は、関東では冬だが関西では夏。半夏生（はんげしょう）という雑節の日（夏至から11日めの7月2日）にマダコを食べる習慣がいまでも残っている。

上物は身がきゅっと締まり、かたくて噛みきれないほど。なまで握れば野趣あふれる食感が魅力だが、やわらかくゆでたものは寿司飯にすんなりなじみ、栗をゆでたときのようなほっくり香ばしい香りが立ってくる。

第3巻 第7話
「タコ」

アメリカじゃ タコは見ためが グロテスクだし 自分の足さえ 食べてしまう 野蛮な魚と思われてる らしいですけど…
ギリシャでは 〝賢者の魚〟とも 言われてるんですよ……
オッ… オクトパスが 賢者…!?
ええ タコはとっても 愛情深いんです……

マダコのメスは卵を産んでから孵化するまでの約１か月間、食事も休みもとらずに卵を守る。

語れるウンチク集

◆産地は明石が有名。旬は６～７月ごろで、（麦が刈られて）麦ワラができるころ水揚げされるため「麦わらダコ」と呼ぶ。

◆「西の明石、東の佐島（さしま）」と言われるように、東日本だと神奈川県・三浦半島の佐島産が人気。

◆メスよりもオスのほうが体が大きいとされ、吸盤の並びと大きさが揃っているのがメスで、バラバラなのがオスである。

おさらい魚コラム

「イカ・タコ」の巻

イカ・タコは種類が多く、日本近海で獲れるものだけでも数十種類。ここでは寿司ダネとして見かけるものをピックアップしてご紹介。食べて気に入ったものを中心にさまざまな種類のものを味比べ！

アオリイカ

日本近海だけで獲れるイカの種類は約80種以上といわれ、なかでも最も旨いとされているのがアオリイカ。甲（骨）は透明で薄いのに肉が厚く甘みの強いアミノ酸をたっぷり含んでいる。

コウイカ

学名にもなり、北海道以外の日本各地で寿司ダネなどとして最も多く使われているものの一つがコウイカ。マイカ、スミイカなどとも呼ばれる。その名の通り、体の中にかたく幅の広い甲をもつ。

スルメイカ

コウイカなどほかのイカに比べて体が細長いのが特徴。比較的身がかたく、寿司ダネとしてはコリコリとした強めの食感が好まれる。脚部分まで味がよく、寿司ダネとしても好まれている。

マダコ

タコも種類が多いが、江戸前寿司の店でタコといえばマダコと相場は決まっている。タコは表面に粘質物（ヌメリ）をもっているので、塩もみと水洗いで汚れと同時に落としてからの調理となる。

イイダコ

一般的な寿司屋で見かけるタネではないが、ゆでてポン酢和えにするなど、気の利いたお酒のつまみの材料などとしての利用価値は高い。また、趣向の変わった握り寿司のタネとして寿司ツウに人気。

寿司コラム 6

いい客になるために知っておきたいべからず集

寿司は江戸生まれのファーストフード。堅苦しく考えずに、自由に楽しむもの。しかし、「これだけはやってはいけない」という決まりもあるのでここで予習しておきましょう。

寿司屋の符丁を使うべからず

「ギョク（玉子焼きのこと）」、「あがり（お茶のこと）」などは寿司屋が使う符丁（用語）。客側が使うと寿司職人はいい気がしない。会計のときに「おあいそ」というのもカッコ悪い。

キツイ香水をつけるべからず

寿司は繊細な料理なので、キツイ香水はNG。身だしなみに気をつけるのはとてもいいことだが、香水だけはつけてはならない。

握りを置くべからず

握り寿司は鮮度が命。それに、最適の温度で提供されている。目の前に置かれた寿司は、時間をおかずにすぐにいただこう。

タバコは極力吸うべからず

禁煙でなくともタバコは控えよう。特に客同士が肩を並べて座るカウンターでの喫煙はご法度。愛煙家は寿司屋に長居せずに、二軒目で寿司の余韻に浸りながら一服つけよう。

長居するべからず

寿司屋は居酒屋ではないので、話し込んだり、つまみをつつきながら酒を長々と飲んだりしないように。気の短い江戸っ子が作り上げた寿司屋という空間はそういうところだと心得たい。

カウンターを粗末にすべからず

白木の一枚板などを使った寿司屋のカウンターは、俗に「高級車が買える」ほど高価なことがある。腕時計がこすれて傷がつくのを好ましく思わない寿司職人もいるので、腕時計は入店前に外してポケットの中に入れておくのがおすすめ。

第六章

極めつきの エビ・カニ類

旬
春と秋

蝦蛄《シャコ》
squilla

ゆで
ゆでたシャコの淡白な味を殺さないようにツメを塗らずに提供したり、客の好みでワサビを添えることもある。

江戸前寿司の真打登場。卵は〝カツブシ〟。真価、ここにあり。

シャコは江戸前寿司を代表するタネの一つ。鮮度落ちが激しいため、水揚げ港に近く鮮度のいいものが手に入る地域以外では、獲れた産地で釜でゆでてパック詰めにされたものが出回る。江戸前寿司屋では、神奈川県の小柴漁港ものを最高級品とする。

また、梅雨時期のメスのシャコは卵をたっぷりと抱いており、実にツウ好み。ちなみにこの卵を「カツブシ」と呼ぶ。鮮やかな朱色で、シャクシャクとした食感。独特の香ばしさと甘みがある。

体は淡い灰褐色をしているが、ゆでると紅紫色に変わる。鋭いツメを持つのも特徴。

語れるウンチク集

◆1匹につき2つある〝爪〟。見た目はグロテスクだが、シャコの爪肉は甘みが凝縮した相当の珍味である。

◆エビやカニはゆでると赤くなるが、シャコは紫色に。この色がシャクナゲの花に似ていることからシャコの名がついたといわれる。

◆小柴産シャコの漁獲量が激減し、小樽などの北海道産が台頭してきている。

シャコといえば神奈川県小柴産。「小柴以外は握らない」といった昔気質の職人もいるそうです。

第2巻　第3話
「シャコ」

いっ…いけるなんてもんじゃないーーーッ!!
こんなにシャコってうめえのかッ!?

シャコを英語でカマキリエビと呼ぶ。そんな見た目のグロテスクさとは裏腹に味は最高。

甘海老《アマエビ》

northern shrimp

歯ごたえと熟成を兼ね備える国産アマエビに軍配！

スーパーなどで売っているアマエビのほとんどは外国産のもの。しかし日本の東北、北海道などで獲れるアマエビには体が大きいものが多く、寿司飯との相性もいい。

「魚は鮮度が命」というが、アマエビの場合は、生きているものより、シメて1日ぐらい経ったもののほうが甘みが倍増して旨くなる。抜群の歯ごたえを残しながら熟成し、ねっとりと舌にからみつくような食感を両立するネタはこれ以外に見当たらない。国産のものを見かけたら、即、ご注文を！

こっ
これは!!
!!

生

こちらは二本づけだが、大きなものは一本で握れる。また、仕上げに海苔の帯をかけることもある（鮨 太一）

旬 秋〜冬

1匹で握れるような大ぶりのものもあるんですよ！

語れるウンチク集

◆アマエビは5歳まですべてオスで、6歳を過ぎるとそれが全部メスに変わる。オスからメスに変わる〝間性（かんせい）〟の時期のものはマグロ並みの価格で取り引きされる高級タネである。

◆アマエビはタンパク質分解酵素を持っており、死ぬとそれが自分の体を分解しはじめる。そうして、ねっとりと甘い成分が生まれる。

桜海老《サクラエビ》

small pink shrimp

駿河湾でしか獲れない淡いピンクのお姫様。

旬の時期は握りにつまみに大活躍の人気者

サクラエビというと、乾燥させたものを思い浮かべる人は多い。しかし、旬の新鮮なサクラエビは、寿司ダネとして最も贅沢かつ、美味なネタである。

もともとサクラエビは東京湾や相模湾などでも獲られていたが、現在出回っている国産のものはすべて静岡県の駿河湾産。産卵期と稚エビの成長期を避けるため、漁期は限られ、漁獲量も厳しく決められている。そのため、キロ3千円で取り引きされることもあるというから驚く。養殖のタイよりもずっと高価なものなのである。

とろりとした食味と磯の香りを存分に堪能したい。また、淡いピンクも美しい。鮮度のいいものを寿司でいただけるのは、春と秋の年に2回。なんと待ち遠しいことか。

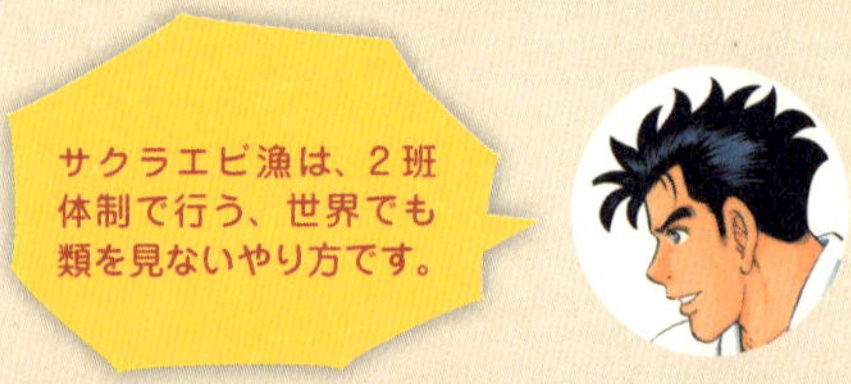
サクラエビ漁は、2班体制で行う、世界でも類を見ないやり方です。

旬
春と秋

生

殻がやわらかく小さいエビなので、何尾かまとめて寿司ダネに。本場の静岡の寿司屋では握り寿司として提供するところもある。

サクラエビは
キロ3千円…
養殖の鯛なんかより
ずっと高く取引きされる
事だってあるんだ……

旬が握った玉子焼きは、干したサクラエビを粉末にしてだしで割った卵に混ぜ、薄焼きにしたものだった。

第15巻　第6話
「サクラエビ」

語れるウンチク集

◆サクラエビは透明の体色だが、色素胞という細胞のためうす紅色に見える。これ以外に約160個もの発光器も持っている。

◆乾燥サクラエビは、お好み焼きなどのほか、漬物に加えたりなど、あらゆる料理への応用度が高い。イノシン酸という旨味成分のため、料理にコクを与えてくれる。

◆乾燥シラエビに食紅で色をつけたものを、高価なサクラエビの代用品として使っていた時代がある。

ブランド&産地

サクラエビといえば駿河湾。駿河湾は日本一深い湾で、サクラエビなどの珍しい魚が多い。3月～4月中旬と11月と決められた、年に2度の漁期にしか獲れないため相当貴重なものといえる。

サクラエビは、春のつまみとしてもお目見えする。こちらは、筍、木の芽、こごみと合わせた粋なサクラエビの酒肴。

白海老《シロエビ》

Japanese glass shrimp

旬 春

生

新鮮なシロエビを昆布じめにして握ったひと品。仕上げに藻塩をトッピング。ほんのり昆布が香り、角のとれた藻塩がいいアクセント（鮨 太一）

シロエビを使ったお菓子やお総菜など、富山土産がいろいろあるみたいですね。

人呼んで「富山湾の宝石」、「富山湾の貴婦人」。それは美しく、至上の美味。

富山名物、シロエビ。正式名称はシラエビだが、シロエビの名で通っている。獲れたてのものは透き通っているが、死ぬと身が真っ白になることからこうよばれる。

見た目はガラス細工のような透明感溢れる上品さで、口に含むと舌にねっとりとからみつくような食感。鮮度のいいものは、やわらかでクセのない甘みをもつ。昆布じめにして甘みをより強調しても、魅力ある寿司になる。

第18巻　第11話
「シロエビ」

鱒之介が握ったのは、とろろ昆布と寿司飯の間にシロエビを挟んだものだった。

語れるウンチク集

- 寿司ダネのほか、天ぷらやかき揚げの材料としても人気がある。
- シロエビの押し寿司は、ます寿司と並ぶ富山の郷土寿司である。

芝海老《シバエビ》

shiba shrimp

旬 冬

おぼろ

ネタと寿司飯の間にかませる以外に、おぼろだけをタネとして握る寿司は江戸前の古い仕事。いまこれを握る職人は少なくなった。

語れるウンチク集

- ◆小型のエビといえば関東ではシバエビだが、関西ではサルエビを指すことが多い。
- ◆おぼろの握りはふんわりとした食感と甘さのため、食後のデザート感覚で〆に提供する店もある。
- ◆おぼろだけで握るおぼろダネ、光り物などのタネと寿司飯の間に挟むおぼろなど、おぼろといってもさまざま。その寿司ごとに使い分けるのが流儀である。

江戸っ子の玉子焼きにはシバエビがなくちゃ！

江戸前握りの名脇役。握れば立派な〝おぼろダネ〟。

丸のまま寿司ダネになることはないが、江戸前寿司屋のお決まり、「おぼろ」の材料として欠かせないシバエビ。すり身にして玉子の生地に混ぜ込まれることもある。

シバエビの名は東京湾の芝浦あたりで獲れたことにより、由緒正しき江戸前のタネだ。職人はこれをゆでてすり身にし、酒、砂糖、みりんで味をつける。タネと寿司飯の間にかませたり、寿司の上にあしらったりと、なかなかの万能選手。味は繊細で上品。

江戸時代、芝浦には魚河岸があり、芝浦産の魚を「芝肴」と呼んだ。この芝肴が江戸前。

えっ？じゃあシバエビを使った玉子焼きはまさに本当の江戸前寿司なんですね…

第39巻 第10話
「シバエビ」

おさらい魚コラム 「エビ・カニ」の巻

殻の中に旨味をぎゅぎゅっと閉じ込めたエビ。ここでは、おなじみのクルマエビ以外の小さなエビをおさらいしてみましょう。江戸前の寿司屋ではめったにお目にかかれないカニの話もご一緒に！

サクラエビ

体長は４～５cm前後。ウキに使う樽を忘れた漁師が仕方なしに網を下ろすと深く沈んだ網にきれいな桜色のエビがかかっていたのがサクラエビ漁のはじまり。漁期は限られ４月～６月と10月～12月の年２回。

シバエビ

体長は15cmほどになるものもいるが、クルマエビよりも細く小ぶり。体が白っぽくヒゲ（触覚）が非常に長い。寿司屋での出番は、すり身にしてオボロや玉子焼きの生地の副材料としてのもの。

シロエビ

体長は５～7㎝ほどと小ぶり。富山県を代表する海産物である。体は水晶のように透き通り、ところどころ赤みを帯びて全体的にはごく淡いピンク色に見える。死ぬとはかなげな乳白色になる。

旅先で食べてみたい！「カニの握り寿司」

主要産地の北海道だけで一般的な寿司ダネだったホッキガイやツブガイ。最近は、東京の寿司屋で見かけることも多くなったが、カニについてはまだ江戸前寿司屋で握られることは少ない。しかし北海道では街の寿司屋の定番寿司ダネとして、地元の人や観光客に人気があるという。

握りに使われるカニは主に、ズワイガニとタラバガニの二種類。味がいいのはズワイガニ。一番太い第一関節の殻をむいて寿司ダネとして用いる。北海道以外で、「越前ガニ」（福井県）、「松葉ガニ」（鳥取県など）などの地域ブランドも確立されている。ちなみに回転寿司店など、安価な寿司店で出回っているのは、よく似たベニズワイガニという別の種類。

タラバガニは「カニ」という名前がつくが、実はヤドカリなどの仲間。体が大きいので寿司ダネなどの食用にする。

寿司コラム 7

100倍楽しむための寿司ウンチク集

奥深い寿司の世界。読めば寿司屋に行きたくなる、もっと寿司を知りたくなる……そんな雑学を集めてみました。

まずは「おまかせ」

「おまかせ」は、つまみ＋握り＋巻き物がセットになったおトクな内容。店のおすすめがひと通り味わえる。これを食べてから気になるものを「お好み」で注文すれば、会計時に冷や汗をかくことはまずないだろう。

回らない寿司屋にサーモンがないわけ

「サーモンのように脂っこいモノは味がわかりやすい。寿司ツウなら、淡白な白身魚の味比べを楽しんでほしい」というのが、江戸前の寿司職人の本音のようだ。しかし、サーモントラウトの誕生で一般に出回るように。

店のレベルを知る寿司ダネとは？

「マグロ、コハダ、季節の白身魚、煮たもの（アナゴやハマグリ）をひと通り食べてみること」とよく聞く。マグロは「どれぐらいのレベルのものを仕入れているか」、コハダは「酢じめの加減は適当か」、白身魚は「旬のものや質のいいものの目利きができているか」、煮たものは「ツメの味はどうか」に注目して味わってみよう。

地味だが貝は江戸前の主役

昔の江戸湾は遠浅の海だった。そのため、いまよりも多種多様な貝類が獲れていた。白身魚と貝類の味がわかるようになったら一人前だ。

気になる店は夜、昼で

行きつけにしたい店はまずランチタイムに訪問。その次はディナータイムに。お茶で楽しむランチ、お酒と楽しむディナー。昼夜通えば、その店がわかる。

第七章

魅惑の貝類&稚魚

アカガイ

赤貝

blood clam

旬
晩秋〜冬

磯の香りとほのかな渋味。この旨さがわかれば一人前の寿司ツウ！

煮てよし、焼いても美味なる寿司の友。

アカガイは、血液中にヘモグロビンを含むため、身が美しい赤色をしている。わずかに鉄を思わせる青臭さがあるのはそのためだ。また、それを上回るほどの心地よい磯の香りがあり、こりこりと小気味いい歯ごたえ、食感も素晴らしい。

新鮮なものは、殻をむいてとり出した身を、フチに切り込みを入れてまな板にたたきつけると、身が縮んだり動いたりしながら、花が咲いたように開く。ちょっとしたパフォーマンスとしてお客に見せる職人もいる。まさに、江戸前職人の腕の見せどころである。

またアカガイは身だけでなくヒモも味がよく、通人好みのタネである。キュウリと一緒に海苔巻きにしたヒモキュウも美味。

握り　殻をむいてとり出した身からヒモを外し、身に包丁で彩りよく切り目を入れて握ったもの。身を１枚豪快に使う（鮨 太一）

なっ なにこれ!!
さっきのとはまるで別物って感じ 心地いい歯応えで甘味もあるし 生臭さもまったくないわ!!

アカガイの仕込みは面倒なのでむき身を使う店もあるが、いい店は注文を受けてからさばいてくれる。旨味や食感は別格となる。

第5巻　第3話
「赤貝」

語れるウンチク集

- ◆アカガイの代用品は、鹿島灘で獲れるサトウガイ。「場違い」な貝だから、通称バチ玉。これに対してアカガイをホン玉と呼ぶ。
- ◆昭和初期までは、産地の名前を取って、「ケミガワ（検見川）」と呼んでいた。

アカガイ ブランド&産地

アカガイといえば、宮城県名取市閖上(ゆりあげ)。このたびの東日本大震災で大きな被害を受けたが、少しずつ復興に向かい、東京の寿司屋にも戻りつつある。

アカガイはカツオと同じで、さばいてみないと良し悪しがわからないのです。

アカガイは握りにする「脚」だけではなく「ヒモ」も美味。キュウリと巻いてもGOOD。

なるほど アカガイのヒモと キュウリで ヒモキューか
アカガイのヒモ だけを使った 巻き物でヒモ巻 か………

第33巻 第3話
「ヒモ」

ひも きゅう

身に比べてぬめりが強いので、包丁でしごきながらぬめりや汚れをとる。それを刻みキュウリとともに巻き物に。

旬 晩秋〜冬

蛤《ハマグリ》

clam

煮ハマと言えば江戸前のおなじみ。染み出す旨味、ジワリ。

煮てよし、焼いても美味なる寿司の友。

やわらかでほどよい弾力をもつ身に甘みをたっぷりたくわえ、噛むとジワリ、と旨味が染み出してくるハマグリ。煮ハマグリこそが江戸前の伝統だ。煮たもの以外に焼いたものを握ることもあるが、なまで食べることはない。

ハマグリ独特のしなやかな弾力を残すためには、身が締まりすぎないようにさっとゆでるか酒蒸しにする。それを醤油、酒、砂糖を合わせた調味液に漬け込む。アナゴの煮汁よりもちょっと甘さ控えめが、江戸っ子好みだ。ひと晩置けば身に味がなじみ、つやめく煮ハマグリの完成だ。仕上げにツメを塗っても、また美味。

煮ハマグリ ハマグリと煮汁の味がやさしいので、ワサビは基本的に使わない。仕上げに煮ツメを塗って提供する店も。

第15巻　第4話
「貝嫌い」

貝が嫌いな客に、不意打ちで貝づくしを握った旬。客に「こんな旨いものを知らずに生きて、人生の半分損した気分」と言わしめた。

語れるウンチク集

- ◆ハマグリの名は、形が栗に似ているからという説と、砂浜に転がる小石（くり）ほどたくさん獲れたからという説がある。
- ◆ハマグリは産地により殻の色が変わる。一般に、茶色のものが国産で、白っぽいものが韓国産である。

焼きハマグリ

表面に軽く焼き目をつける程度に焼き、香ばしく仕上げた焼きハマグリの握り。

ハマグリはゆで加減が味を左右します。

我々が日常口にしている
ハマグリは 鹿島灘や
九十九里浜などで獲れる
外洋種のチョウセンハマグリと
朝鮮半島から中国大陸沿岸に
かけて分布する 小型の
シナハマグリの二種類である

息子の結婚相手の父親が気に入らない客。ひょんなことからどちらも「煮ハマグリが好物」ということがわかり、物語は感動の結末へ。

第32巻 第1話
「煮ハマ」

ハマグリ ブランド&産地

北海道以南の全国に分布。淡水が混じる河口付近の浅い砂地に生息している。東京湾や伊勢湾で獲れるものが本場ものとされ、なかでも浦安〜木更津にかけての東京湾のものが最も味がいい。

帆立《ホタテ》

scallop

とろりとした食感の北海のヴィーナス。鮮烈な甘さも魅惑的。

グリコーゲン由来のやさしい甘さが身上

寿司ダネに使うのは、ホタテ貝の貝柱の部分。ホタテとよく似たタイラガイよりも肉質がやわらかく、わずかにつややかなあめ色をしている。二枚貝のなかで最も甘みを多くもち、食べやすいことから子どもにも好まれる。

ホタテというと養殖ものというイメージが強いが、北海道ではごくわずかな量だが、現在も天然ものの水揚げがなされている。甘みは養殖もののほうが強く、香りは天然ものが勝っている。

旬 冬

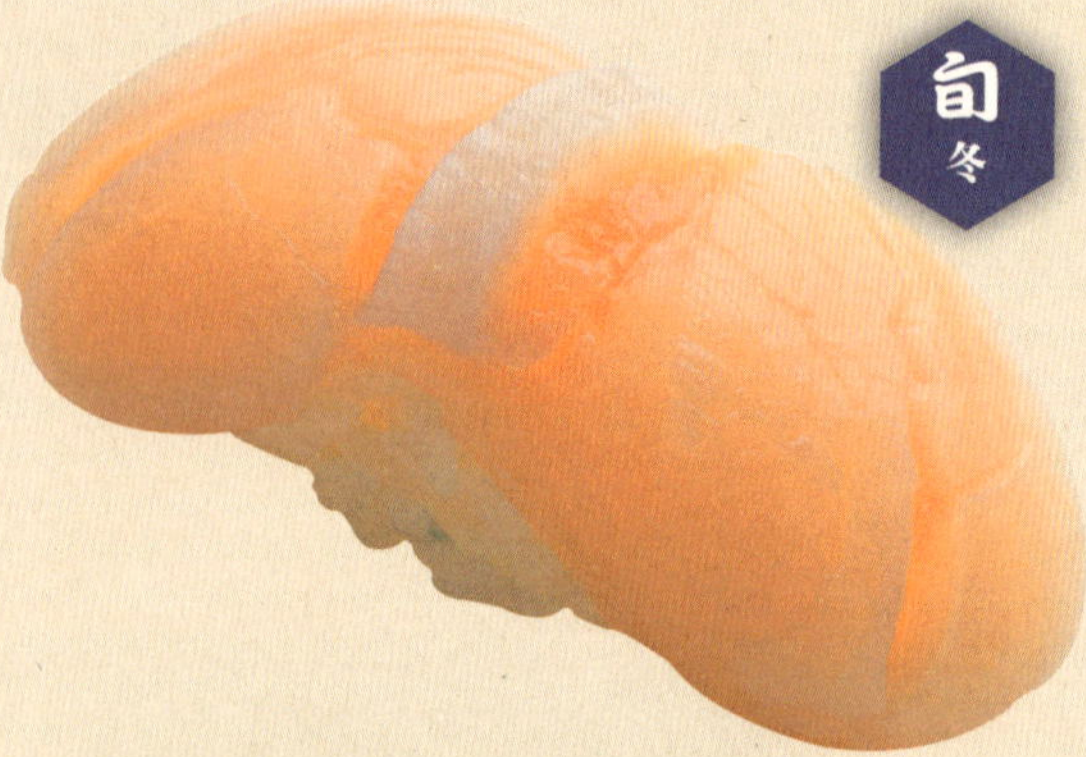

生 やわらかく簡単に噛み切れるので、厚めに切って寿司飯にのせて握る（つきじ 喜代村 すしざんまい）

語れるウンチク集

◆貝柱の筋の繊維が非常に発達しており、これを活用して天敵から猛スピードで逃げられる。貝柱の強い食感もこの筋肉のためだ。

◆とろりとした甘さがあるのは、体にグリコーゲンを豊富に含んでいるためである。

ホタテ ブランド&産地

北海道・猿払（さるふつ）、青森県・清水川などがブランドホタテの産地。岩手県・恋し浜（小石浜）も有名産地だったが震災で養殖ホタテが全滅。北海道からの半成貝で養殖が再開されている。

ホタテの繊維を美しくあしらい、仕上げに松葉に切った柚子を飾った。香りもごちそうの一つ。

柚子のせ

ホタテは獲れる場所によって色が違い、浅いところで獲れたものほど色が濃いといわれています。

旬の甥が「柳寿司」に来店。「帆立」という名字のガールフレンドのために、貝柱の話、名画の話など、ホタテのウンチクを大披露。

第31巻　第2話
「ホタテ貝」

ヒトデなんかの天敵にあった時
ホタテ貝は吸い込んだ水を
ジェット方式で噴き出して
その反動で泳ぐんだ
それを可能にするために
ホタテ貝は貝柱を発達させたんだ
これは他の
どの貝にも
真似の出来ない事
なんだよ!!

鳥貝《トリガイ》

Japanese egg cockle

旬
春〜夏

湯引き

熱湯にさっとくぐらせ、ちょっと色が変わったらすぐに氷水にとって冷ます。みずみずしく、力強い食感が魅力だ。

トリガイのこげ茶色部分を「おはぐろ」と呼びます。非常にはげやすく、これがたくさん残っているものがいい握りですよ！

語れるウンチク集

◆鶏肉に味が似ているから、鳥のくちばしに似ているからなどという理由からトリガイの名がついた。

◆京都「丹後とり貝」は天然トリガイの代名詞。同じく京都の宮津湾、栗田湾も名産地だ。養殖技術の開発も進んでいる。

へぇ〜トリガイの黒い部分の色って簡単に落ちるんだなぁ

第44巻　第9話
「トリガイ」

築地の貝専門店の中には、トリガイを摩擦の少ないガラスの上でさばいたりする店もある。

旬のものは驚きの美味。みずみずしく輝く海からの贈り物！

トリガイの良し悪しはすぐにわかる。三角の肉部分が黒っぽいこげ茶色をしているものが新鮮で味がいい。このこげ茶色を飛ばさないように貝殻をむくのは非常に難しく、ガラスなどの上で丁寧に作業をすることが必要だ。

身が厚いものが最上とされ、独特の歯ごたえと見事な甘みをもつ。そのまま握ってもよし、薄い甘酢でさっと洗って握ってもよし。貝好きには待ち遠しい旬は、4〜6月。関西でも非常に人気で、これを好物としている食通は少なくない。

海松貝《ミルガイ》

surf clam

旬
早春〜初夏

生

細くとがり、色がついている部分を活かして握ると見た目がいい。かたいものは表面に刃打ち（細かな切れ目）を入れると食べやすい。

本ミルとよく似た「シロミル」という貝がある。種類はまったく別で、味も本ミルが数段上。

なんか今まで食べてたモノとは甘みも磯の香りもまるで別物なんだけど…

第57巻　第7話
「本ミル」

口の中に漂う磯の香り。旨味と甘みが後から同時に追いかける。

アワビが終わるころ、ミルガイが旨くなる。生きているときのミルガイはグロテスクだが、水管をさっとゆがいて氷水にとると、きゅっと身が締まり、貝類特有の甘み、旨味が凝縮される。これを切りつけて握ると寿司飯にもよくなじむ。味だけでなく、小気味いい歯切れもたまらない。

貝の身自体は水っぽく旨味が少ないが、貝殻から勢いよく飛び出している「水管（すいかん）」という部分が寿司ダネとして抜群だ。

本ミルは高価で１個１万円なんてことも。めったに握れません。

語れるウンチク集

- 学名はミルクイガイ。貝の口に海松（ミル）という藻がついており、これを食べているように見えることからこの名がある。
- 舌やヒモ、柱部分も味がよく、ちらし寿司などに向く。
- 全国に分布するが、千葉県の富津、神奈川県の横須賀などのものが寿司ダネとして人気。

玉珧《タイラギ》

fan mussel

貝柱といえばタイラギ。シャクシャクした食感はホタテを超える！

いまではホタテがタイラギの流通量を超えたが、ひと昔前まで〝貝柱〟といえばタイラギのことを指すものだった。キメ細やかでつややかな白い身はきりりと引き締まり、シャクシャクとした食感で寿司ツウを魅惑する。旨味、甘み、潮の香りなど、貝の魅力要素が濃厚に詰まっており、由緒も味もホタテより一枚上といえそう。

正式名称はタイラギだが、タイラガイという俗称のほうがよく知られている。

旬 冬

生 身は特有の臭気があるため用いず貝柱を握る。歯がさくり、と立つ食感が心地よい。味を引き締めるワサビは欠かせない。

語れるウンチク集

- タイラギ漁は、重い潜水服を着た潜水夫が丁寧に獲るもの。いまでは見かけなくなったが、伝統的な漁である。
- ひと昔前は東京湾（江戸湾）でも獲れた伝統的な江戸前ダネである。

身が厚いものは食べ応え抜群です。海苔の帯をかけて、寿司飯となじませることもあります！

旬が昔握ったタイラギをホタテだと思い込んでいた客が再来。タイラギは、食感と味の濃密さではホタテを超えるともいわれている。

いえ…あれ実はホタテじゃなく〝タイラギ〟だったんですよ
タッ〝タイラギ〟…？
はい これです

第10巻　第5話
「タイラギ」

真牡蠣《マガキ》

oyster

旬 冬

生

新鮮なカキを軍艦巻きに。二杯酢にくぐらせることもある。海苔が磯の香りを強調する。

グリコーゲン由来の芳純な旨みが弾ける。

一般にカキといえば、イタボガキ科のマガキの仲間を指す。「桜が散ったらカキを食べるな」というのは、マガキが5～8月の産卵期で痩せて抵抗力がなくなり食中毒を起こしやすくなるため。

しかし鮮度のいいものは寿司にして、この上ない美味。

語れるウンチク集

◆一般に流通しているマガキのほとんどは養殖もの。養殖の歴史は古く、紀元前までさかのぼる。

◆カキの養殖といえば広島と宮城だが熊本のカキも知られ、アメリカ軍の命令により、種ガキとしてアメリカに輸出された。

第17巻　第6話
「シカメガキ」

!!
すっ 凄え～～っ!!
普通のカキより旨味が
凝縮されている……
それにこの磯の香り…
これじゃマイクが
自慢したがる訳だ……

旬のカキのおいしさは、ほかに例えようもありません。栄養成分も豊富で、健康にもよさそうです。

岩牡蠣《イワガキ》

rock oyster

一見の客とアメリカ人客が、日米どちらのカキが旨いかで大ゲンカ。日米を結んだ「クマモトガキ」を一緒に食べて、感動の大団円へ。

夏に旨いカキはコレ。その旨味成分はグリコーゲンに由来し健康効果も期待できる。そのほかにもビタミン、ミネラル、アミノ酸などをバランスよく含み栄養満点。「海の香りの精」とも呼ばれるように、口に含んだときの海辺を感じさせる香りも魅力だ。

生

寿司飯を覆い尽くすほどのカキを薬味でさっぱりと（つきじ 喜代村 すしざんまい）

旬 夏

栄螺《サザエ》

turban

旬 春

生

身が非常にかたいので、食べやすいサイズに切りつけ、ところどころに包丁目を入れる（つきじ 喜代村 すしざんまい）

旨さも価格もトップレベル。春の寿司はこれでキマリ！

薄く切ってもコリコリの食感は健在。調理しても芳純な磯の香りをほのかに残し、実に食欲をそそる。「貝の王様」と呼ぶ人がいるのもうなずける気品と風格だ。

握り寿司にするのは珍しいが、もしも寿司屋で出会ったら、これは食べずにいられない。特に春のサザエはわずかに苦味を含んだ旨味をたっぷり含み、とてつもなく美味なのである。寿司飯にもよく合う。

美味しい〜〜〜っ!!

トゲのある殻が特徴的。寿司ダネ以外に、つぼ焼きなどの酒肴としても活躍。

サザエの貝を殻ごと焼いた「つぼ焼き」などが、野趣あふれる料理として有名ですね！

語れるウンチク集

◆疲労回復に役立つタウリンや、目にいいビタミンAなど、サザエには栄養がたっぷり含まれる。

◆オス・メスは、内臓がグリーン系ならメス、クリーム系ならオスというように見分けられる。

螺貝《ツブガイ》

whelk

本場・北海道では、ツブガイをつぼ焼きにして食べさせてくれるお店があるそうです！

なっ…
何…!!

語れるウンチク集

◆回転寿司で回っているのは本物のツブガイではなく、エゾバイ科のものであることが多い。本物は「マツブ」とも呼ばれる。

◆ツブガイは韓国でも人気で、さまざまな料理に使われている。

アワビに負けず劣らずの北の海の美味！

ツブガイ（マツブ）は北海道を代表する貝。小さな貝を想像する人もいるだろうが、両手で抱えるほど大きくなるものもある。

味、香りはもちろん、歯を押し返してくるような弾力ある食感がツブガイの真骨頂。本来の旨味を堪能するには、鮮度のいいものを生で召し上がれ。

旬 冬

歯ごたえが独特で、爽やかな磯の香りが最高。特に女性に好まれる（つきじ 喜代村 すしざんまい）

生

青柳《アオヤギ》

round clam

旬

冬〜春

握り

アオヤギは生に近いほど甘みがあるため、半生ぐらいの握りが好まれる。

第53巻　第6話

「バカガイ」

でもさ
貝がどうやって
移動すんだよ？
まさか
ホタテみたいに
貝殻をパカパカ
開いてかい？

斧足（ふそく）と呼ばれる脚は発達しており、わずか二十数秒で砂に潜ったりできる。

つまんでほおばってつるり、のど越し。磯の香りが鼻腔に抜けゆく。

別名はバカガイ。水揚げしたあと、貝の口を開けてだらしなく舌を貝殻から出している姿が愚かしいといった理由からこの名がある。不名誉な呼び名だが、むき身、小柱ともに味、香りともに最高レベル。とくに磯の香りとつるりとした食感が魅力で、江戸前寿司の看板ダネとなっている。

昔は耳たぶぐらいのかたさまでゆでるのが普通だったとか。ゆでると特有の香りが生まれるので、職人の腕と勘がモノをいうタネである。

語れるウンチク集

◆1個の貝に小柱は2つ。大きいものを大ボシ、小さいものを小ボシ（バラボシ）と呼ぶ。

◆食用にする「足」部分は筋肉が非常に発達しており、天敵から身を守るために20センチ弱もジャンプできる。

◆アオヤギの名前は、産地の上総国青柳村（現在の千葉県）で大量に獲れたことによる。

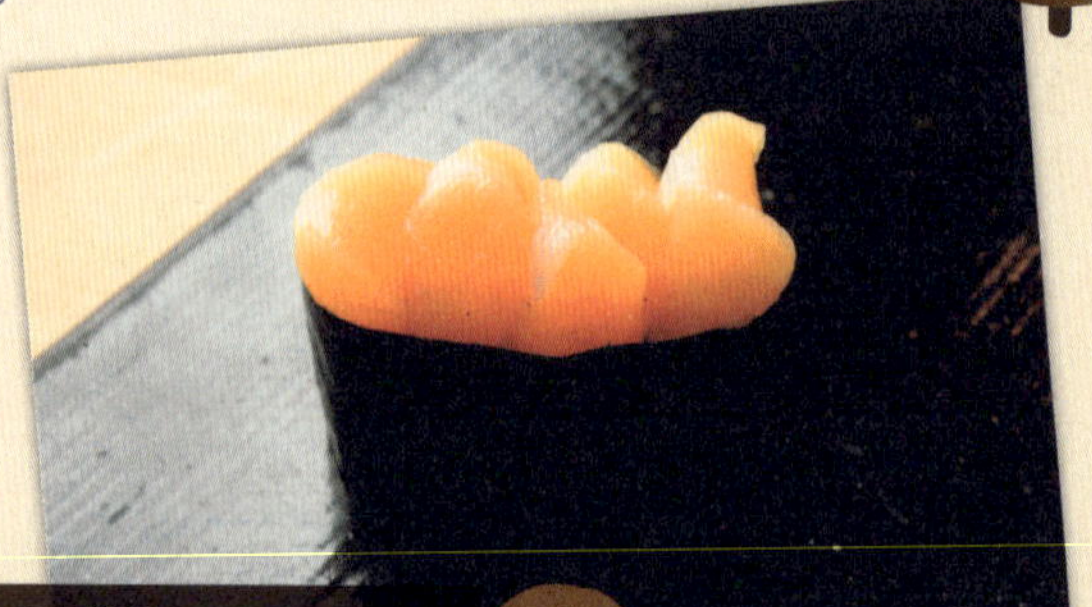

軍艦

足の部分のむき身をアオヤギと呼ぶ。小柱部分も軍艦巻きなどにして寿司ネタに。

北寄貝《ホッキガイ》

surf clam

花のように可憐な薄紅色で寿司ツウを誘惑。

正式名称はウバガイだが、ホッキガイの名で通っている。アオヤギを大きくしたような貝で、身だけでなく脚部分も寿司ダネにする。産地は北海道オホーツク地方などで、もともと北海道や東北地方でしか流通しなかったが、最近は東京の寿司屋でもおなじみとなった。

寿司ダネにするには、なまで磯の香りを存分に楽しむのもいいし、湯霜造りにしてふくよかに際立つ香りと甘みを堪能するのもいい。北海道を代表する旨い寿司ダネだ。

語れるウンチク集

- ホッキガイは産卵期の夏が禁漁となるが、それ以外は比較的安定的に流通する。
- 香りよりも甘みを含んだ旨味を楽しむもの。殻が黒っぽいものが上物とされる。
- 年数を経ると、殻の周りに年輪が刻まれ、貝自体も大きくなる。

生だと黒みがかっているのですが、湯引きにすると、淡い紅色になります。

湯引き

いわゆる“舌”部分の握り。もともとグレー～紫褐色をしているが、さっと湯通しするときれいな桃色に変わる。

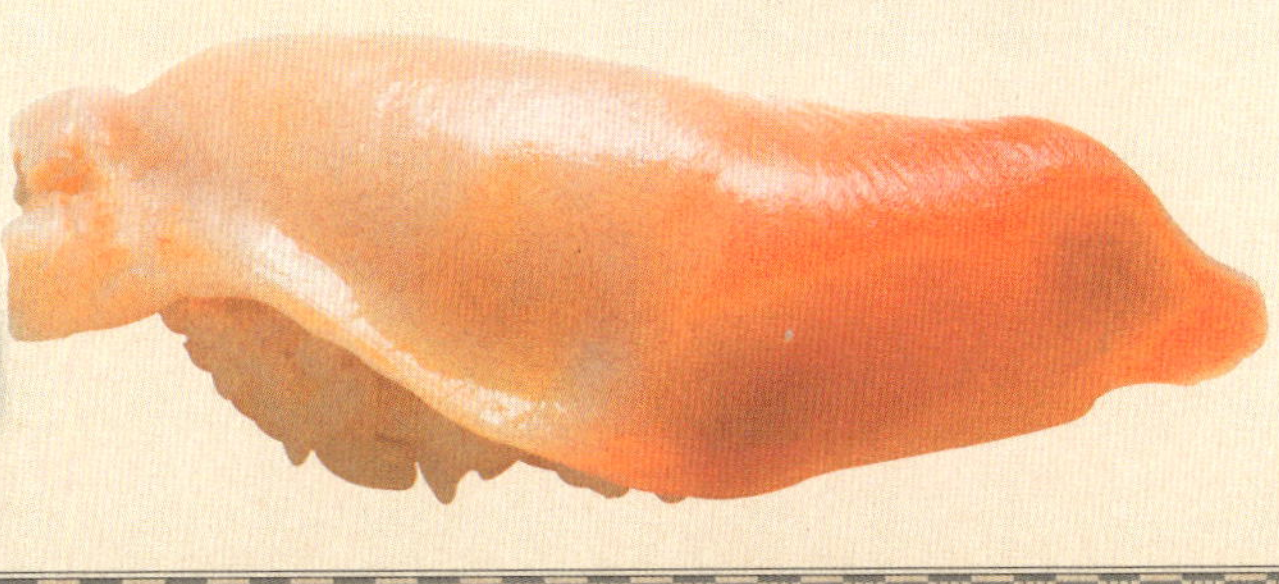

旬 冬～春

赤海胆《アカウニ》

red sea urchin

旬
冬〜春

軍艦

粒が際立ち、オレンジ色が鮮やかなものがおいしい。バターのようにとけてなくなる！（つきじ 喜代村 すしざんまい）

うわぁ〜〜
なんて上品で
甘いのかしら…
こんなウニ
初めて食べるわ

第51巻　第2話
「壱岐の赤ウニ」

殻が赤黒いことから赤ウニと呼ばれる壱岐の赤ウニは、数が少ないが非常に甘くておいしい。

寿司屋で握るのは、生のウニですが、蒸したものを使うところもあるようですね！

味も価格も最高級。バターを思わせるなめらかな甘みが極上。

高級寿司ダネの代名詞たるウニ。そのなかでもアカウニは最高レベル。一般にはバフンウニ系のものを赤ウニ、ムラサキウニ系のものを白ウニと呼ぶ（築地では種類ではなく、ウニの粒の色で呼び分ける）。赤ウニ系はこってり、まったりとした食味のものが多い。

九州や本州だと山口あたりで味のいいものがあり、「壱岐の赤ウニ」などともなると、極めて希少で、超高級。ひと口で昇天！

語れるウンチク集

- ウニの旨味は類脂体という成分、美しいオレンジ色はエキネノン、エキノクロールAという色素に由来する。
- 鮮度のいいものは粒がしっかりしているが、鮮度が落ちると水っぽくなる。

紫海胆《ムラサキウニ》

purple sea urchin

やわらかくて握りにしにくいから軍艦巻きが生まれたんですね。海苔がウニの風味を引き立てます！

語れるウンチク集

◆ウニはカラスミ、コノワタと並んで三大珍味と呼ばれている。

◆雲丹、海胆、海栗など漢字は多数。生のものは海胆、海栗、塩漬けは雲丹、海丹と書き分けることがある。

第2巻　第7話
「ウニ（前編）」

やはり思った通り！海苔の風味とウニの甘味…それに微かな磯の香りが三位一体となって口一杯に広がっていく…最高の……
最高の味だァ〜〜〜!!

粒の色が鮮やかな赤身を帯びていることから、エゾバフンウニは「赤ウニ」とも呼ばれる。

さっぱりおいしくてみんな大好きな人気ダネ。食べすぎご用心！

外側は全体的に黒っぽい色をしており、ほかのウニよりトゲが長いのが特徴。産地でむき身に加工され、おなじみの木箱に入れられた状態で流通する。

鮮度は粒で見分ける。新鮮なものはダラダラと身崩れしておらず、粒がしっかりと際立っている。そうしたものは濃厚な甘さをもち、変なにおいや苦味がない。ミョウバン漬けのものが多く出回っているので「ウニは苦い」と思っている人は少なくないが、本当に新鮮なウニは驚くほどの甘さだ。

旬
秋〜春

甘さを最大限に楽しむためにワサビを用いることは少ないが、上に少量のせることも（つきじ 喜代村 すしざんまい）

生

旬
秋

鮭卵《イクラ》

salmon roe

醤油漬け
醤油ベースの調味ダレに漬け込み、味わいとともに保存性もUP。プチプチと弾ける旨さ（つきじ 喜代村 すしざんまい）

語れるウンチク集

◆イクラは、チョウザメから作るキャビアにヒントを得て生まれた。
◆赤い色をしているのは、サルメン酸（サケの水溶性色素）とアヌタキサンチン（脂溶性色素）のためである。

イクラは軍艦巻きが考案されてから生まれた寿司ダネだが、いまや寿司屋に欠かせない。

鮭の遡上《そじょう》が始まる九月中旬から十一月中旬にかけて「柳寿司」では一年分のイクラを仕込むために毎日のように同じ作業が続けられる…
イクラ作りは生食用の生筋子の薄皮を取る事から始まり…

第50巻　第9話
「イクラ」

弾ける食感と口の中で飛び散る旨味。まさに海のルビー。

イクラはサケの卵である。寿司ダネとしては醤油漬け、塩漬けのものが出回り、寿司屋では主に軍艦巻きとなって登場する。香りと旨味のエキスを閉じ込めた粒が口の中でプチプチと弾ける快感は、ほかでは得られない美味なる体験である。

旬は秋で、この時期だけは「なま」のイクラが楽しめる。粒の皮膜が薄く皮が口に残らないため、口どけが非常によく、上品な寿司が楽しめる。目利きとしては、大粒で澄んだルビー色をしたものが上物とされる。

年中見かけるイクラですが旬は秋。味は抜群ですよ。

これを食べたら一流の"寿司っ食い"

稚魚や若魚のとき、産卵前の一瞬など、食べられる時期が限られているからこそ愛おしく、また旨い寿司はこちらです！

白子《シラス》

whitebait

旬 春と秋

さまざまな魚の稚魚のこと。なまのものは希少価値が高い。(つきじ 喜代村 すしざんまい)

潮子《ショッコ》

whitebait

旬 夏

カンパチの若魚をショッコと呼ぶ。若く力強い旨さと脂の旨さの合わせ技（鮨 太一）

白子《シラコ》

whitebait

旬 春

白子とは魚の精巣。こちらはサクラダイの白子。まったりとした食感と芳純な味わいを楽もう。

稚魚や若魚は脂ののりは薄いですが、フレッシュさが魅力です！

第46巻　第6話
「五駄鱈（ごだんだら）」

語れるウンチク集

◆サクラダイ以外にタラ、フグ、アンコウなどが白子の寿司ダネとして知られている。
◆シラスは骨や内臓などを丸ごと食べられるので、健康効果も期待できる。

おさらい魚コラム

「貝&稚魚など」の巻

歯ごたえと磯の香りが抜群の貝類。産地でむき身になることが多いので、その姿はあまり知られていない。そこで、「生きているときの貝類」を図鑑にしてみました。美味な稚魚寿司ダネの情報つきです！

アオヤギ

ハマグリに似た二枚貝だが、殻が薄く壊れやすい。貝殻の間から長い舌（脚）を伸ばしたようすがユーモラス。むくと貝柱が大小二つ。脚より貝柱のほうが人気があるため「親勝り」などと言われる。

タイラギ

平べったく大きな三角形の貝。その見た目から「烏帽子（えぼうし）貝」とも呼ぶ。三角形の頂点を下にして突き刺さるように動く。殻の長さは30㎝を超えることがあり、大きな貝柱を食用にする。

ホッキガイ

アオヤギを大型にしたような見た目で、10～15㎝になる。貝殻の周辺は黒っぽい皮膜で覆われており、アオヤギと同様に二つの貝柱がある。夏は産卵期のため禁漁となる。

ミルガイ

長さ12㎝にもなる大型の二枚貝。殻はこげ茶色をしていることが多いが、ふくらんだ部分が白い個体もある。貝殻の間から水管（海水を出し入れする管）が長く伸びており、ここが食用となる。

トリガイ

アカガイによく似ているが、殻は多少細長く厚みがあり、コロンとふくれた感じ。殻には放射状に筋がおよそ40本走り、コケのような毛が生えている。厚さ、高さともに10㎝ぐらいに成長するものも。

おまけ情報

美味なる稚魚の話

シラス

カタクチイワシなどの稚魚。乾燥させたものが「しらす干し」、「ちりめんじゃこ」で、これをゆでて水切りしたものが「釜揚げシラス」（地方により呼び名が異なる）。

マダラ

マダラの精巣は「白子」と呼ばれ、こってりとしたコクが好まれる。軍艦巻きにすることが多い。親魚の身は水っぽいため、寿司ダネにすることはほとんどない。

寿司コラム 8

島国ニッポンの海の幸万歳！
全国郷土寿司MAP

四方を海に囲まれた“お魚天国”の日本。出かけた先でローカル色あふれる郷土寿司に出会うのも旅の醍醐味。鉄道旅行なら郷土寿司の駅弁も見逃せません！

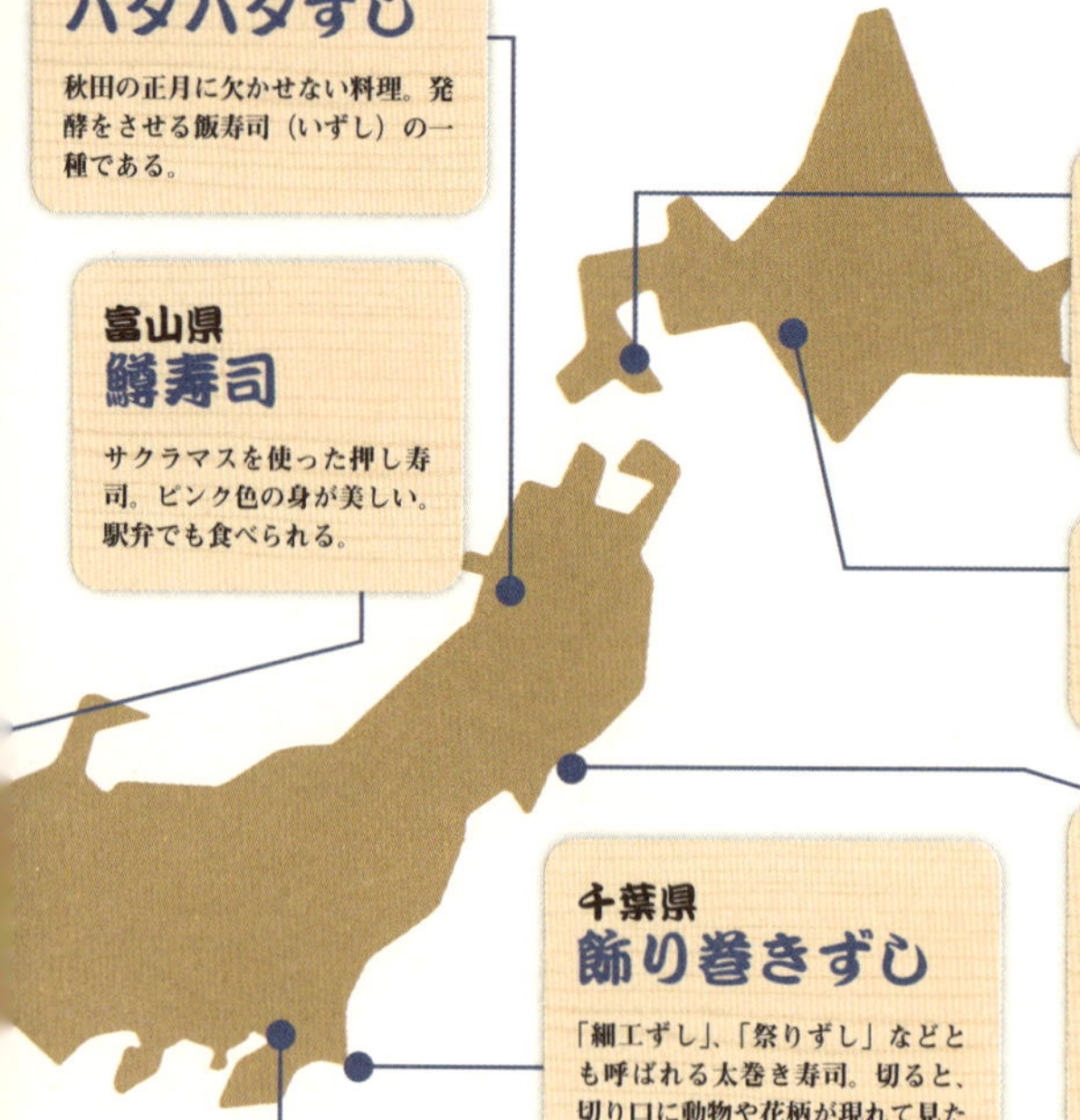

秋田県
ハタハタずし
秋田の正月に欠かせない料理。発酵をさせる飯寿司（いずし）の一種である。

富山県
鱒寿司
サクラマスを使った押し寿司。ピンク色の身が美しい。駅弁でも食べられる。

北海道
いかめし（駅弁）
小ぶりのイカの胴体にもち米とうるち米をブレンドして炊いた寿司飯を詰め込んだもの。

シシャモ寿司
秋が旬のシシャモ。北海道では握り寿司で食べられる。

宮城県
フカヒレ寿司
気仙沼などの三陸はフカヒレ加工で知られている。フカヒレの姿寿司を出す店があったが、現在は復興途上。「気仙沼ふかひれブランドを守る会」などが頑張っている。

笹巻きえんがわ寿司（駅弁）
コリコリとしたえんがわからジュワッと旨い脂が染み出す。添えられたライムが彩りと香りをUP。

千葉県
飾り巻きずし
「細工ずし」、「祭りずし」などとも呼ばれる太巻き寿司。切ると、切り口に動物や花柄が現れて見た目もおもしろい。

東京都
笹巻けぬきすし
寿司飯にタネをのせ、笹で巻いた寿司。江戸握り寿司の元祖とも言われている。

和歌山県
さば寿司＆さんま寿司〈駅弁〉

海沿いを走る紀勢本線名物。さんま寿司は、尻尾までしゃぶりたくなるほどの旨さ。

めはりずし

目を見張るほど大きなサイズのおにぎり型の寿司。高菜の漬物がぐるりと巻かれている。

高知県
すし皿鉢〈さわち〉

高知の郷土料理といえば、大皿に盛り付ける豪華な皿鉢料理。寿司だけ盛り付けるものを「すし皿鉢」と呼ぶ。

滋賀県
鮒ずし

琵琶湖で獲れるニゴロブナと米、塩を漬け込んだ寿司。ひと切れでも相当な塩分量なので、ご飯にのせてお茶漬けなどにする。フナが減ったことで、価格は超高騰。子持ちのメスはさらに高価。

長崎県
大村寿司

大村市の郷土寿司。砂糖貿易が盛んだった長崎らしく、大量の砂糖を使って甘めに仕上げるのが特徴。山海の幸を盛り込み、錦糸卵もたっぷりのせる。

岡山県
ままかりずし

サッパという魚の握り。あまりにおいしくて「ママ（ご飯）を借りるほど」というところからこの名前がついた。

石川県
柿の葉ずし

酢じめの魚の切り身を寿司飯と握り、柿の葉にのせる。

鹿児島県
酒ずし

酢の代わりに甘口の地酒（鹿児島独特の調味料）を使って発酵させて作る寿司。

奈良県
柿の葉ずし

石川県の柿の葉ずしとともに有名。こちらは寿司飯と寿司ダネを握ったものを、柿の葉で巻くところに特徴がある。

三重県
手こねずし

漁師が船上で獲れたてのカツオやマグロを使って作る漁師料理。手でこねるようにして作ることからこの名前がある。

いまあなたが食べるべき回転寿司はこちら！

「回らない寿司屋」に出かけるのはたまの贅沢として、日常的に出かけたいのは、なんといっても回転寿司ですね。ここでは、人気回転寿司チェーン２店におすすめの寿司を教えてもらいました。

北欧アトランティックサーモン

無添くら寿司
105円

大人気サーモンの進化形

サーモンのなかで最高級といわれる、北欧アトランティックサーモンを使用。『無添くら寿司』人気ランキングで１位になることもしばしばあるという。みんなが大好きなサーモンは食べごたえたっぷりのボリューム感が嬉しい。

江戸前寿司屋で握る店はほとんどないが、回転寿司店では常にトップ人気のサーモン。切り身の握り以外に軍艦巻き、アボカドなどの野菜と合わせたロール（海苔巻き）なども、回転寿司店ではおなじみだ。こってりした味のものが好きな人はきっと気に入るはず！

海の幸を食べやすいアレンジで

具材は、イカ、ホタテ貝ヒモ、エビ、タコなどの魚介類を角切りにしたものをマヨネーズベースのソースで和えたもの。これを愛らしく軍艦巻きに仕上げてある。子どもにも大人気のシーフードサラダ。社員の間でも大人気。

7種のシーフードサラダ

無添くら寿司
105円

家族連れも来店する回転寿司店では、サラダ感覚で食べられる握り寿司が人気。魚や味つけなどに個性が出るので、食べ比べも楽しい一品だ。これ以外に、ツナのマヨネーズ和え、エビとアボカドを合わせたものを軍艦巻きにしたものを提供する回転寿司店もある。

回転寿司店で寿司ダネになるのは魚介類だけとは限らない。豚肉や鴨肉、ハンバーグまでが大活躍。また、アボカドなどの野菜も回転寿司店では主役級（軍艦巻きなど）。その旨さは「魚の旬がどうの、部位は……」といったウンチクを超越した説得力がある。

あぶり豚
ガーリック醤油

無添くら寿司
105円

回転寿司ならではの
ガッツリ系！

人気の「あぶり寿司」に仲間入りした新メニュー。たっぷり脂がのった豚肉をさっとあぶって焦げ目をつけ、脂の旨味を強調する。また、ガーリック醤油の香ばしい香りが食欲をそそる。ガツンとおいしく、クセになると評判だ。

厚焼玉子

かっぱ寿
105

寿司屋の看板「厚焼き玉子」は、回転寿司店で定番人気メニューの常連となっている。注文の際は、味つけだけでなく、握りのスタイルにも注目してみよう。玉子焼きに切れ目を入れて寿司飯を詰めるところもあり多種多様。店の個性もよく表れている。

デザート感覚で気軽にどうぞ

生地にたっぷりとダシを効かせ、風味豊かに焼き上げた「お寿司屋さんの厚焼き」。冷凍しないため、ふんわりやわらかな食感が楽しめる。やさしい甘さなので魚嫌いの子どもでも抵抗なくおやつ感覚で食べられると評判だ。

活〆 煮穴子

かっぱ寿司
105円

歴史ある江戸前寿司の定番・煮穴子も、回転寿司店ではリーズナブルに楽しむことができる。回転寿司チェーンでは、素材を大量に仕入れることで原価を下げ、低価格でおいしい寿司を提供してくれる。そんな「企業努力」に感謝しつつ、お好きなだけ召し上がれ。

ふっくら穴子も低価格で

『かっぱ寿司』の煮穴子は煮込む直前にしめているため、独特の臭みが出ない。そのため、ふくよかな素材本来の風味がよく出ている。また、時間をかけてじっくり煮込むことで、口に入れた瞬間にふわりととろけるやわらかさを実現。

プチプチ弾ける楽しい食感

卵の質、味が最もよい時期を選び、醤油ベースの独自の味つけで仕上げる。老若男女、誰にでも食べられる「万人受け」する味付けがポイント。美しいイクラに彩りを添えるスライスキュウリは、食感のよいアクセントにもなっている。

味付いくら

かっぱ寿司
105円

イクラは比較的新しい寿司であり、価格も高価。そんなイクラも回転寿司店は安価に提供してくれる。イクラが寿司ダネの定番になったのは、回転寿司店の貢献が大きいだろう。透明感溢れる鮮やかな赤色は食欲をそそり、キュウリなどの副材料との相性もいい。

回転寿司の真骨頂！

『くら寿司』ではセントラルキッチンでの加工、店舗での解凍にこだわり、常に安定した品質のものを提供する。しっかりとしたマグロの味が楽しめるオススメ商品だ。また、全商材から化学調味料、人工甘味料、合成着色料、人工保存料なども一切不使用。

マグロは来店する客のほとんどが注文するので、最も力を入れる商品の一つとなっている。また、店の評価を決める要素といってもいい。冷凍技術の進展により、回転寿司店では、一般の寿司屋に引けをとらないほど品質のいいマグロが低価格で楽しめる。

天然まぐろ

無添くら寿司
105円

まぐろ

かっぱ寿司
105円

マグロの鮮やかな赤色を演出するためにいままでもさまざまな試みがなされてきたが、最近は回転寿司チェーンなどが冷凍設備を増強し、高品質の食材を提供できるようになった。本マグロにも引けを取らない、高品質で味のいいマグロが気軽に楽しめるようになった。

「目で食べる」実力派マグロ

厳選された天然マグロも均一価格。マグロならではの味と香りはもちろんのこと、食欲をそそる鮮やかな赤色も魅力だ。また、切り付けを均一にすることで、いつでもどの店に行っても同じ大きさ、厚さで提供される安心のクオリティ！

無添くら寿司　食材のすべてが化学調味料・人工甘味料・合成着色料・人工保存料不使用。新鮮でおいしくて安心・安全をモットーとする。http://www.kura-corpo.co.jp/

かっぱ寿司　こだわりは「食の安全性」。ゆったりと広めに設計された店内で、新鮮な素材にこだわった寿司を提供する。。http://www.kappa-create.co.jp/

索引

知っているようで知らない「寿司用語集」

寿司職人が使っている不思議な言葉は「符丁」という専門用語。ちょっと知っていれば、寿司屋が何倍も楽しくなります。また、符丁以外にも寿司に関する「知って得するウンチク」をたくさん集めてみました。

あ

赤酢（あかず）
酒粕を原料に造る酢。江戸前寿司に最適とされ、寿司飯に使うとわずかに赤くなる。ミツカンの初代中野又座衛門が発明した。

あがり
お茶のこと。花柳界由来の言葉である。ちなみに寿司屋の符丁（業界用語）なので、客側が使うのはNG。

あにき
寿司屋の隠語。先に使う材料を「あにき」、後から使う材料を「おとうと」と呼ぶ。

活けじめ
獲れてすぐに頭に包丁を入れ、血を絞った魚。頭に切れ目がある魚はこの「活けじめ」がされたものである。

磯辺（いそべ）
海苔のこと。

おあいそ
お勘定のこと。店側が「お愛想がなくて申し訳ありません」という意味を込めて使う言葉なので、客側が使うのは好ましくない。

押しずし
別名、箱ずし。握り寿司が主流となる前は、箱に入れて作る関西ルーツの寿司が江戸でも主流だった。現在もサバ、マスなどの押しずしなどが関西の郷土寿司として残っている。

おどり
エビやシラウオなどを生きたまま握ること。魚が踊るように動くことからこの名がついた。

か

返し
握り寿司の技。大きく分けて三つあり、寿司ダネに寿司飯をのせたあと、右手人差し指と中指に寿司を移し、左手をかぶせるようにして右手から返す「手返し」、右手をまったく使わず左手の小手先だけで返す「小手返し」、タネを下にした寿司を縦に返す「石塔返し」である。

片思い

「磯のアワビの片思い」という言葉から、アワビのこと。巻貝だが二枚貝のように見えて、ペアとなる貝殻がないためこのようにいわれる。

ガリ

酢漬けのショウガのこと。噛むとガリガリ音がすることから。こってりしたものを食べたあとの口直しに最適。

貫（かん）

握り寿司を数える単位。江戸時代の穴開き銭をひもで通したものの重さが、握り寿司一貫の重さとほぼ同じ大きさだったからこのように呼ぶという説がある。

ギョク

玉子の「玉」を音読みした符丁。玉子焼きは安価ながら、寿司職人の腕前がよくわかる寿司ダネである。

クサ

海苔のこと。かつての江戸前ブランド「浅草海苔」の略という説がある。

軍艦

寿司飯の側面に海苔を巻いた握り寿司の総称。軍艦のように見えることから。

ゲタ

寿司を盛る木製の器。横から見ると、履き物のゲタに見えることから。

さ

細工ずし

材料に切り込みを入れたり、何かの形に似せたりする寿司のこと。シケで材料が手に入りにくいことがあった、昔の職人の知恵と遊び心の結晶といえる。

さがや

オボロのこと。「嵯峨谷おぼろの花盛り」という浄瑠璃の一節に由来する。

桜鯛（さくらだい）

桜の咲くころにタイは旬を迎えるということ。

さび

ワサビのこと。

しのだずし

信太の森の狐伝説にちなんで、いなりずしをしのだずしとも呼ぶ（狐の好物は油揚げ）。

シャリ

ご飯や寿司飯のこと。お釈迦様の骨が真っ白でありがたいことからきている。

酢バス

ハス（レンコン）のアクをとり、砂糖、酢、ミョウバンで調味したもの。昔のちらしずしには欠かせない材料の一つ。

た

タネ

寿司飯にのせる材料のこと。ネタとも呼ぶ。

ちらし五目

関東には、昔から寿司飯の上に食材を細かく刻んで散らした「ちらし五目」という郷土料理があった。

つくりこみ

寿司を桶に盛り込むこと。右下がりに盛り付ける雁（がん）流し、自然の風物やめでたい水引をイメージした山水水引（さんすいみずひき）などがある。

ヅケ

マグロなどの寿司ダネを、醤油ベースの調味液に漬け込んだもの。

つけ台

ネタケースの前にある、寿司を提供するための台のこと。

つけ場

寿司のルーツは、米ごと魚を漬ける「なれずし」であった。その名残で、寿司は「握る」ではなく「漬ける」という。なので、寿司を握る場所を「つけ場」と呼ぶ。

ツメ

煮ツメとも呼ぶ。醤油をベースに、アナゴなどの煮汁を加えて作る甘辛い調味液で、煮物ダネに塗る。

梅雨アナゴ

「アナゴは梅雨の雨を飲んで旨くなる」などともいわれ、アナゴの旬は梅雨時期である。

梅雨イサキ

イサキも梅雨時期が最高に旨い。梅雨ごろに獲れるイサキを「梅雨イサキ」と呼ぶ。

鉄火巻き

マグロの赤身を芯にして寿司飯を海苔巻きにしたものを鉄火巻きと呼ぶ。鉄火場（博打場）で発明されたためにこの名前がついたという説がある。

ドンシャリ

寿司飯でない普通のご飯のこと。

な

ナミダ

ワサビのこと。食べると辛くて涙が出ることから。

なれずし

寿司のルーツは、川魚と米、塩を発酵させた「なれずし」という保存食品。滋賀県の鮒ずしは、このなれずしの一種で、高価だが現在も販売されている。

煮きり

醤油、みりん、酒などで作る調味料。寿司ダネにハケで塗って提供される場合は、客側は醤油をつけずに食べる。

野じめ

魚が水揚げ後に自然死すること。野じめのものは、その当日あたりが食べごろ。活けじめは一日ぐらいおいたあたりからおいしくなる。

は

箱ずし
押しずしの別名。現在の寿司は、できたてを食べる握り寿司が多いが、もともとは、関西発祥の箱ずしが主流だった。しかし、東京だけでなく関西でも箱ずしの店は減り、握りの店ばかりになった。

花丸きゅうり
温室栽培の小さなきゅうり。カットせずに丸ごとかっぱ巻きの芯にできるため見栄えよく仕上がる。

華屋与兵衛（はなやよへい）
現在主流となっている江戸前握り寿司を発明した寿司職人。華屋与兵衛は歩き売りから商売をはじめ、そのおいしさは江戸中の評判となり、超高級店を持つに至った。

はやなれ
なれずしよりも熟成期間を短くしたもの。現在の江戸前握り寿司に近い。

光り物
皮が銀白色に光る魚を使った寿司ダネのこと。

ま

丸づけ
魚を丸ごと一匹使って寿司を握ること。

麦わらダイ
麦を刈り入れるころに獲れるタイは、産卵後で身が痩せておいしくないということ。

ムラサキ
醤油のこと。小皿にたらすと、醤油が紫色に見えることから。

や

焼き霜造り
皮を少しつけたままの魚の切り身を、強火でさっと焼いて冷ます調理方法。

湯霜造り
皮を少しつけたままの魚の切り身に、さっと熱湯をかけて冷ます調理方法。皮目に旨味のあるタイ、スズキなどに向く。

あとがき

握り寿司が生まれたのは、文政７～８年（１８２５～６年）頃だと言われている。それから１８０年以上経った現在、握り寿司は日本を代表する食として世界中に認知され、広まり続けている。

その原動力となったのは、まぎれもなく回転寿司の成功であろう。

回転寿司の登場によって、それまで社用族や一部の通人の食べ物であり、庶民にとっては高嶺の花であった握り寿司が、安価に、そして子供ですら簡単に口にすることの出来る食べ物となった。なにより、生の魚介を食べる風習のなかった多くの外国人に、握り寿司の美味しさを広めるきっかけとなったのも、回転寿司である。

食の西洋化により、日本人の米離れ・魚離れが進んだと言われているが、それに多少なりとも歯止めを掛ける要因の一つとなっているのも、また回転寿司をはじめとする握り寿司であることに異を唱える者もいないはずである。

酢を効かせた御飯にワサビ、それに一仕事したタネを乗せただけの食べ物である握り寿司が、これほど世界中の人々に愛されている理由は、そのシンプルさゆえなのかも知れない。

ただ、そのシンプルさゆえに、大きな誤解が生まれているのも事実である。テレビなどのレポーターが、「このお寿司、鮮度がよくてすごく美味しい」などと言っているが、こと江戸前寿司に限っては、鮮度より熟成による旨さに重きを置いているため、「鮮度がよくて…」と言うのは誤りであり、酢加減や熟成加減を見極める目こそが、江戸前の寿司職人の腕であるということを忘れないでほしい（港町などでは、新鮮な魚介が多く、魚を熟成させてから食べるという習慣がないため、鮮度重視の握り寿司がほとんどであり、そのため本物の江戸前寿司の評価は低いのだが…）。

最後に、長年の友人であり、江戸前寿司に関して多くの知識やアイディアを提供してくれた『鮨　太一』の石川太一氏に感謝を込めて…。

２０１２年８月

九十九　森

江戸前の旬
旬の寿司ダネ100選

2012年9月20日第1刷発行

漫画・監修
九十九 森／さとう 輝

編集協力
木村 悦子（ミトシロ書房）

発行者
友田 満

撮影
平塚 修二

イラスト
小谷松 明子

表紙デザイン
Creative・Sano・Japan

本文デザイン
伊藤 えりか　永末 彬子（株式会社ライラック）

Special Thanks
鮨 太一／つきじ 喜代村 すしざんまい／かっぱ寿司／無添くら寿司

印刷所
株式会社暁印刷

製本所
大口製本印刷株式会社

発行所
株式会社日本文芸社
〒101-8407　東京都千代田区神田神保町1-7
Tel 03-3294-8931［営業］　03-3294-8938［編集］

落丁・乱丁などの不良品がありましたら、小社製作部宛にお送りください。

送料小社負担にておとりかえします。

法律で定められた場合を除いて、本書からの複写・転載（電子化を含む）は禁じられています。

また、代行業者等の第三者による電子データ化及び電子書籍化は、
いかなる場合も認められていません。

Printed in Japan ISBN978-4-537-21026-2
112120903-112120903 Ⓝ 01

編集担当：新宮是行

URL http://www.nihonbungeisha.co.jp